蒋益民 著

中国货币政策效应空间非一致性
与结构性货币政策实践

THE INCONSISTENCY OF
MONETARY POLICY EFFECT SPACE
AND THE PRACTICE OF
STRUCTURAL
MONETARY POLICY IN CHINA

社会科学文献出版社
SOCIAL SCIENCES ACADEMIC PRESS (CHINA)

目　录

第一章 绪 论

第一节 研究背景及意义

本书的研究初衷和目的是在中国区域经济发展不平衡的背景下，探讨如何有效发挥或者说最大限度地发挥货币政策工具效能，促进区域经济协调发展。《新帕尔格雷夫经济学大辞典》中对于"货币政策"的解释是：由中央银行采取的，影响货币和其他金融条件的，以寻求实现持久的真实产出增长、高就业和物价稳定等广泛目标的行动。若干世纪以来，人们一直将流通中货币存量的平均增长率视作总物价水平的长期决定性因素。有时与货币的创造或消灭相关联的一般金融条件，包括利率的变化，也被看作经济周期的重要因素①。一般而言，对于货币政策效应的相关研究，主要可以分为货币政策的非对称效应、货币政策效应的动态非一致性、货币政策效应的空间非一致性三个方面。其中对货币政策效应的空间非一致性研究在国外从 20 世纪 70 年代正式开始，我国这方面的研究起步于 20 世纪 90 年代中期，近年来受到越来越多的关注。货币政策效应的空间非一致性研究主要是探讨在某个货币区内（可以是一国或者多国），统一的货币政策对于经济、金融具有异质性的不同区域的影响。有学者认为，统一的货币政策在不同的区域会产生不同的效应，这种差异不仅会增加货币政策的决策难度，削弱统一货币政策的有效性，而且会进一步扩大各地区产出和价格水平之间的差距，甚至可

---

① 〔英〕约翰·伊特韦尔等编《新帕尔格雷夫经济学大辞典》，经济科学出版社，1996。

能引发巨大的利益冲突，导致货币联盟解体。与货币政策的区域效应紧密关联的一个重要问题是货币政策的总量性与结构性问题。现代西方货币理论认为货币政策是总量性的，即货币政策不能促进结构调整，然而我们认为这一观点要成立是有前提条件的，不应该一概而论。中国与现代西方发达经济体之间的经济发展阶段不同、经济金融环境各异，应该在中国经济社会发展约束条件之下讨论货币政策是否具有结构性，即能否发挥货币政策对经济结构的调整作用，进而推进区域经济协调发展。因此，在社会发展进程中深刻理解货币政策的总量性与结构性问题非常重要，不能局限于某些既有的现代西方经典理论。

第二节　主要内容与基本思路

货币政策区域效应是货币政策理论的重要组成部分，而货币政策作为宏观调控手段又是促进我国区域经济协调发展的重要工具，因此，货币政策区域效应与我国区域经济协调发展关系密切。本研究将在区域经济协调发展的视角下考察货币政策区域效应产生的原因及其内在机制，在某一区域内的货币政策效果受制于该区域的经济金融状况，包括金融总量、金融结构、产业结构等众多因素，为此，我们将聚焦区域金融在这一过程中的作用。具体而言，需要厘清两个层面的问题，一方面是区域金融与货币政策区域效应之间的关系，另一方面是区域金融在货币政策促进经济发展过程中的作用。为此，本研究共分七章，第一章"绪论"说明本书的研究背景及意义、主要内容与基本思路，简要介绍研究方法与技术路线，并围绕研究主题就"金融发展与经济增长的关系""货币政策促进区域经济发展"等进行文献梳理和评述。第二章"相关概念与理论基础"界定了金融发展、经济增长、货币政策区域效应等概念的内涵，概述了金融发展与经济增长之间的关系以及货币政策促进区域经济发展的相关理论，为之后的理论分析奠定基础。第三章"区域产业结构差异引致货币政策区域效应——我国东部与西部地区对比研究"从区域产业结构的角度考察其对货币政策效应在不同空间（区域）

的影响，分析区域产业结构对货币政策传导效应的影响，研究结果表明我国东、西部地区货币政策效果确实存在差异。具体而言，货币冲击对东部地区经济增长和CPI影响的持续性均强于西部地区。货币供给对东部地区第二产业的累积冲击效应明显强于第一产业和第三产业，正向的货币冲击对东部地区和西部地区第二产业的发展均带来持续的促进作用，在东部地区效果更为显著。由于地区差异在短期内难以消除，货币政策区域效应问题也难以解决。我国货币政策的目标是稳定物价，促进经济增长，这种带有相机抉择的政策意图，使得宏观调控成为常态，因此可以结合各地区的实际情况，实施差别化货币政策，最大限度地发挥货币政策对于产业结构优化的引导和促进作用。第四章"区域金融影响区域经济发展——基于货币政策区域效应的全域分析"进一步探讨区域金融、区域经济与货币政策区域效应之间的关系，为深入探讨区域金融对货币政策区域效应的作用机理，把研究样本的地理范围扩展至中国八大经济区，把研究的深度延伸至区域金融结构，通过建立变系数固定效应面板模型对2009~2018年的相关数据进行分析，发现八大经济区的金融相关比率、金融机构结构、金融市场结构、金融资产结构以及融资机构各有不同，其在货币政策传导的过程中对区域经济的影响也各异。第五章"货币政策的双重属性与结构性货币政策实践"在前文研究的基础上，厘清货币政策的本质属性，即货币政策具有总量性与结构性双重属性。因此，本章首先回顾西方货币政策理论发展历程，找寻西方现代经典经济学理论中关于货币政策总量性的历史脉络，并提出货币政策兼具总量性与结构性双重属性，其次从实践的层面比较系统地梳理和归纳了主要国家通过货币政策促进区域经济协调发展的做法，最后对结构性货币政策工具进行了分类整理，明确提出要运用结构性货币政策促进我国区域经济协调发展。第六章为"货币政策区域效应视角的央行跨省分行改革"。第七章为"总结与建议"，基于前文的理论分析和实证检验，提出在我国实行统一货币政策促进区域经济发展的过程中，产业结构和金融结构发挥着重要的作用，尤其是处于货币政策传导的中间环节的金融的作用。我国各区域的金融化程度和金融结构不同，金融在货币政策与经济发展之间的调节作用存在差异。为了使区域金融更好地服务于经济增长，促进区域经济协调发展，应进一步优化欠发达地区金融结构、促进资本市场发展、实施差异化货币政策和央行大区行改革等。

第三节　研究方法与技术路线

一　研究方法

（一）文献研究法

文献梳理是理论研究和模型构建的重要基础。本研究通过知网、维普期刊以及 Google 学术和 Wind 等数据库收集了大量国内外有关金融发展、经济增长，特别是区域金融对经济发展的影响、货币政策区域效应的文献、资料和数据，了解国内外最新研究动态，并对其进行了梳理和总结，为后续研究打下扎实的基础。

（二）比较分析法

本书对比研究了我国东部与西部地区产业结构差异对货币政策传导效应的影响，运用比较分析的方法深入探讨了区域金融总量、区域金融机构结构、区域金融市场结构、区域金融资产结构等对八大区域的货币政策效应的影响，试图找出在统一的货币政策下区域金融差异与区域经济之间的关系，从而提出促进区域经济协调发展的对策建议。

（三）实证分析法

本书在理论分析的基础上，综合运用多元线性回归、向量自回归、变系数固定效应面板模型等对研究数据进行了细致的实证分析，例如在第三章运用向量自回归模型（VAR）对中国区域产业结构差异影响货币政策传导的机制进行了实证分析；在第四章选取 2009～2018 年度面板数据，建立金融变量与货币政策交互项的两个变系数固定效应模型，通过分析得出了具有启发性的实证结论。

二 技术路线

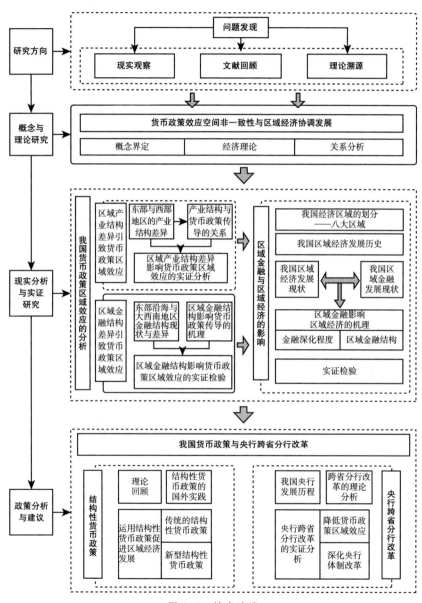

图 1-1 技术路线

第四节 文献综述

一 金融发展与经济增长关系的研究

国外学者早在 19 世纪下半叶就开始了对金融与经济之间关系的研究，国内相关研究则起步较晚，本部分将按照时序对国外、国内文献进行梳理。国外在该领域的研究成果丰硕，例如约瑟夫·熊彼特的经济发展理论、罗纳德·麦金农和爱德华·肖的金融抑制及金融深化理论、帕特里克的金融资源配置理论、雷蒙德·戈德史密斯的金融结构理论、罗伯特·莫顿的金融功能理论，以及赫尔曼、穆尔多克和斯蒂格利茨的金融约束理论等。总体而言，随着研究的深入，学者们对于金融与经济之间关系的认知也逐渐深入。

（一）国外相关研究

国外最先关注金融与经济之间关系的是英国经济学家白芝浩（Walter Bagehot），早在 1873 年他就注意到英国工业革命的发生与英国金融体系之间关系密切，金融体系通过向工业项目提供大量资金促进了工业技术创新。美国经济学家约瑟夫·熊彼特（Joseph Alois Schumpeter）最早对金融与经济两者之间的关系进行了详细阐述，1912 年他在《经济发展理论》一书中，通过对一些金融变量（比如货币等）与经济发展之间的关系进行研究，发现这些金融变量与经济发展存在密切的关系，推导出金融在促进经济增长方面有着重要作用。1919 年熊彼特又对该观点进行补充，认为金融的稳定发展有利于市场上的资金结构优化和有效配置，能对经济发展产生积极作用。

美国经济学家约翰·格利（John Gurly）和爱德华·肖（Edward Shaw）在熊彼特研究的基础上做了进一步探索，不仅讨论了金融与经济之间的关系，还对金融如何影响经济发展进行了系统合理的解释，得出了经济发展离不开金融的稳定发展这一结论。之后他们在 1969 年出版的《金融理论中的货币》中对此理论进行了丰富和完善，并从金融中介的视角研究了金融如何影响经济发展。

1966 年帕特里克（Hugh Patrick）以金融业对市场资源的有效配置功能为研究视角，认为金融业与经济发展存在正相关关系，并首次尝试对金融与经济之间的关系进行划分和归类，分为需求追随型与供给主导型两类。在需求追随型关系中，金融发展是一种被动的发展，经济增长对金融服务提出了新的需求，从而促进了金融发展。在供给主导型关系中，金融发展是一种主动的发展，金融发展促进了经济增长。帕特里克还将经济发展阶段划分为初期和中后期，认为当处于经济发展初期时，供给主导型关系处于首要地位，金融的发展能有效提高经济发展水平；而当处于经济发展中后期时，需求追随型关系占据首要地位，金融的发展对经济发展的促进作用有限，只有通过金融结构优化升级才能进一步增强金融发展对经济发展水平的提升作用。帕特里克指出，金融体系具有有效配置资金的功能，能引导资金从低利润经济部门流向高利润经济部门。因此，发展中国家应在经济增长对金融服务产生需求之前优先完善金融体系，通过建立健全金融体系、有效满足日益增加的金融服务需求从而促进经济增长。

约翰·希克斯（John Hicks）于 1969 年从金融发展的历史进程角度探究了金融发展与经济增长之间的关系，分析了引发英国工业革命的各个要素，认为技术创新并不是核心要素，而是金融的发展促成工业革命。他认为技术创新是促成工业革命的直接因素，但不是根本性因素，技术创新应用到工业项目中需要大量的资金，如果缺乏资金支持，技术创新的成果就不能得到大规模的应用，工业革命也就不会发生，正是金融的发展为新技术的广泛应用提供了大量的资金，从而促成工业革命，因此金融的发展是工业革命产生的根本原因。

雷蒙德·戈德史密斯（Raymond Goldsmith）率先从金融结构的角度来分析金融发展与经济增长之间的关系，认为金融的发展必然导致其内部结构的改变。为了研究金融发展与经济增长之间的关系，他构建了新的衡量指标体系，采用定量分析方法，其中最著名的指标是金融相关比率（FIR），其计算公式是一国的全部金融资产与该国经济总量的比值。戈德史密斯研究样本的数量和时间跨度非常之大，对 35 个国家长达 103 年的统计资料进行了分析，并且对这些国家金融发展与经济增长之间的关系进行了横向比较，最终得出结论：一国经济增长较快的时期基本上金融发展都较快。但是他并没有继续研究金融发展与经济增长之间的因果关系。

罗纳德·麦金农（Ronald McKinnon）和爱德华·肖（Edward Shaw）于1973年提出的金融抑制及金融深化理论在经济理论界产生了很大的影响，为研究金融发展与经济增长之间的关系提供了新的研究视角，完善了发展经济学和金融理论，在发展经济学与金融理论之间搭起了一座桥梁。他们认为发展中国家之所以经济增长缓慢且与发达国家经济相比差距越来越大是由其金融抑制引起的。发展中国家的资金总量本来就不大，政府当局对存款利率的强力干预，使得市场利率不能充分反映资金供求状况，并且多数发展中国家都存在较高的通货膨胀率，因此实际利率变为负值，储蓄者不愿进行储蓄而贷款者有强烈的贷款需求，金融机构的资金然而总量又是有限的，这就必然导致金融机构的信贷以配给的方式贷给借款者，然而能获得贷款的往往是国有企业，民营企业得不到贷款，国有企业的经济效益往往不如民营企业，最终大多数发展中国家经济发展水平始终较落后。麦金农和肖指出，发展中国家要想摆脱经济落后状态就必须进行深化金融改革，减少政府当局对金融体系的过度干预，同时有效地控制通货膨胀，让利率能够正常地反映资金的供求状况，进而促进经济增长。麦金农和肖仅基于金融总量分析视角，而忽略了金融发展中的结构性问题，导致其政策建议具有片面性。20世纪70、80年代，不少拉美国家和亚洲国家以金融抑制与金融深化理论为指导，开启了以放松政府管制为核心的金融自由化改革。这些国家的改革虽然取得一些成效，但是激进的自由化政策以及对金融体系结构性问题的忽视使得金融体系风险迅速增加，金融状况不断恶化，最终引发经济危机。

兹维·博迪（Zvi Bodie）和罗伯特·莫顿（Robert Merton）于1993年提出的功能主义金融观，立足于金融体系相对于经济的六大功能，对金融发展如何促进经济增长做了解释。他们认为金融机构会受到各种因素的影响，其变化具有不确定性，因此从金融机构的视角来解释金融发展与经济发展之间的关系是不可靠的，应以金融功能作为分析金融与经济的主体框架。莫顿和博迪认为以金融机构为主体的金融体系具有跨时空转移资源、管理风险、清算支付与结算、归集资源与细分股份、提供信息、解决激励问题等六大功能。金融体系的存在使得经济资源超越了时间与地域的限制，资金在盈余者与稀缺者之间调剂，经济资源从低收益生产部门向高收益生产部门转移，同时为资本节约者提供稳定的收益，促进生产部门发展与社会经济效率的提高。金融体系中各种风险分散与风险转移手段的创新降低了社会经济的整体风险；活跃的金融市场能对各主体的决策进行及时反馈，使市场价格信息在各行为主体中迅速流动，提高市场主体决策效率；金融体系对应于实体企业的股权债券细分有助于解决企业经营中的委托—代理问题，促进企业各利益相关者的利益最大化。总之，功能完善、结构健全的金融系统是一国经济健康快速发展的关键。

赫尔曼（Hellman）、穆尔多克（Murdock）和斯蒂格利茨（Stiglitz）是金融约束论的代表人物，他们对金融自由化等理论进行了反思，并在1997年《金融约束：一个新的分析框架》一文中指出适当的金融约束有助于促进经济增长。金融约束论在新凯恩斯主义学派分析的基础上概括了金融市场上的失败案例，认为政府针对金融市场的监管应采取间接调控机制，并依据一定的原则确立监管的范围和标准。政府部门可以通过制定金融政策，对存贷款利率、市场准入等进行限制，为金融部门和生产部门创造地租的机会，从而起到金融深化的效果，促进经济增长。金融约束论与金融抑制论的根本区别在于前者是通过创造租金的方式形成适当的激励机制。金融约束论的成立必须满足三个基本条件：限制市场准入，在此条件下银行业充分竞争；限制直接融资，防止直接融资对银行信贷的替代；宏观经济环境稳定，通货膨胀率较低并且可被预测，从而保证实际利率为正值。这在现实中不可能完全满足，故该理论对现实的解释力及指导作用有限。

（二）国内相关研究

国内研究金融发展与经济增长之间关系的成果主要集中在以下两个方面。

1. 金融发展与经济增长的相关性研究

王广谦（2010）在其专著《经济发展中的贡献与效率》中提出，金融发展与经济增长有很强的相关性，并认为金融稳定发展有利于经济增长。谈儒勇（1999）选取我国从 1993 年到 1998 年金融与经济相关的季度数据进行研究，结论表明金融市场能提升我国的经济发展水平，而股票市场对经济发展的影响很小。韩廷春（2001）对我国从 1978 年到 1999 年金融与经济相关的年度数据进行实证分析，发现金融发展对经济增长的贡献率相当小，而技术进步和政策改革对经济增长的影响较大。周立、王子明（2002）从区域角度分析金融发展与经济增长之间的关系，选取了 1978~2000 年我国东西南北四个区域的样本数据，结果显示金融发展能推动经济长期稳定增长，而不同地区金融发展水平的差异与区域经济发展水平的差异有一定的相关性。史永东、武志和甄红线（2003）同样选取了 1978~1999 年金融与经济相关的年度数据进行分析，通过因果检验分析我国金融发展与经济增长的相关性，结果显示二者因果关系成立。冉茂盛、张宗益（2003）根据我国改革开放 20 多年的宏观统计数据，运用向量自回归模型对金融发展与经济增长之间的关系进行探究，发现金融发展与经济增长之间存在互动性，金融发展与经济增长之间存在单一因果关系，即金融发展推动经济增长。他们还发现我国的金融发展并没有推动非国有经济部门的产出增长。

谭艳芝、彭文平（2003）在《金融发展与经济增长的因素分析》一文中对金融发展与投资、资本积累、资本的边际生产率、全要素生产率的相关性进行了实证研究，发现金融发展与投资、资本积累有着显著的正相关关系，金融发展与资本的边际生产率之间几乎没有相关性，金融发展与全要素生产率呈负相关关系。范方志、张立军（2003）选取了 1978~2000 年我国东部、中部、西部三个地区的金融与经济相关年度数据，发现三个地区金融结构和产业结构的差异与经济发展水平的差异存在相关性。沈坤荣、张成（2004）选取我国各地 1951~1998 年金融与经济相关年度数据，发现二者相关程度呈现波动状态，而 1978 年开始的改革开放是二者相关程度变化的拐点，改革开放前金融与经济无关，改革开放后金融与经济呈现较强的相关性。杨英杰（2004）从金融中介的角度进行了实证分析，结果表明金融中介总体规模与经济增长正相关，强化中央银行的作用对于促进经济增长具有重要意义。王满仓、白永秀、杨二宝（2005）研究了陕西省的金融与经济发展，结果显示陕西省金融和经济发展存在相关性，二者相互制约。胡金焱、朱明星（2005）从单个区域角度分析，选取了1978~2004年山东省的相关样本数据，结果显示对于山东省这样的农业大省而言，金融对经济发展的促进作用相当有限，相关系数很小。曹廷求、王希航（2006）对山东省17个城市的金融发展与经济增长之间的关系进行了研究，选取1995~2001年的样本数据，结果显示同一省份不同城市的金融发展与经济增长存在不同的相关关系。比如，泰安市的金融发展和经济增长存在正相关；潍坊、济宁、烟台、枣庄、滨州、日照、聊城、东营、济南这9个地级市两者存在负相关；其余城市两者相关性很弱。吴慧华（2012）利用浙江省1978~2009年的样本数据，深入分析了金融发展与经济增长之间的关系，结果表明金融发展促进了经济增长，而经济增长反过来促进了金融发展，金融发展与经济增长之间是相互促进的关系。李善民（2014）利用1978~2012年广西的经济样本数据，将银行存款、银行贷款以及地区生产总值作为内生变量构建了向量自回归模型，研究发现银行存款和银行贷款都能够促进经济增长，但银行贷款的促进作用比银行存款更显著。冷艳丽、杜思正（2016）将我国31个省（区、市）的面板数据作为样本，研究发现金融发展和产业结构都对经济增长有着显著的促进作用，但是金融发展和产业结构对经济增长的综合作用是微弱的，其原因在于金融发展和产业结构对经济增长的影响存在相互制约的情形。王澎波、于涛、王旺平（2017）通过对2003~2013年我国的省际面板数据进行研究发现，间接融资是促进经济增长的主要力量，但其效果呈边际递减，同时还发现间接融资占社会总融资的比重越大，其对经济增长的促进作用就越弱。

2. 金融发展影响经济增长的机制研究

韩廷春（2003）以内生增长理论为基础，将经济部门分为实物部门和金融部门，构建金融发展与经济增长相联系的内生增长模型。经过缜密的理论分析，他认为金融发展与经济发展之间存在这样的机制：经济发展使得居民收入提高，从而提升社会储蓄水平，推动金融发展；金融发展又提高了社会储蓄率和储蓄—投资转化效率，拉动投资水平上涨，使得实体经济产出增加。在金融发展、人力资本提升以及 R&D 资本拉动下经济发展水平进一步提升，经济系统在这样的循环中实现健康快速发展。在金融发展中，金融部门的效率是经济增速能否提升的关键。

卢峰、姚洋（2004）则将金融法权论作为理论基础，以 LLSV 为分析框架，虽然法律制度的不完善导致中国金融体系存在金融抑制现象，但是金融抑制现象并未阻碍中国经济发展。中国金融体系存在资金漏损效应，资金从商业信贷（以三角债为主要形式）等渠道转移至私人部门，从而使得私人部门获得了足够的资金，激发了私人部门的活力。王定祥等（2009）从资本分工视角，剖析金融资本的产生过程，并进一步地通过新古典经济增长模型分析金融资本在形成过程中对经济发展的促进作用。研究表明，社会分工的日益深化使得产业资本和商品资本产生裂变，最终促使金融资本形成；金融资本的形成只有处于均衡状态才能对经济增长发挥促进作用，脱离均衡状态的金融资本形成将会导致经济过热或经济萧条。他们还根据 1952～2007 年中国经济数据构建金融相关比率（金融资产总额/GDP）、金融资本比率（金融资本存量/真实资本存量）、金融资本内生比率（非国有金融资本存量/全部金融资本存量）三个指标，并将三个指标作为自变量、真实 GDP 增长率作为因变量，建立 VAR 模型，对中国金融资本与经济增长之间的关系进行实证研究，结果发现：金融相关比率与经济增长呈负相关，金融资本比率、金融资本内生比率与经济增长呈正相关。

刘惠好、郝钰（2007）将湖北省作为研究对象，就湖北省不同种类和期限的金融资产对经济增长的作用进行了实证研究，发现 A 股市场的 IPO 对经济增长的促进作用很微弱，保险业对促进经济增长的作用也不大，银行贷款是促进经济增长的最主要因素。吴晓辉（2008）从微观角度对金融发展与经济增长之间的关系进行了研究，得出结论：资本自由化可以促进经济增长，在构成资本自由化的四个因素中，对促进经济增长作用最显著的是金融市场化。吴新生（2009）选取 1980~2007 年全国 31 个省份的金融与经济相关数据，采用实证方式，结果显示我国金融发展和经济增长存在相关性，且二者相关性的变化具有阶段性和区域性特征。杨小玲（2010）对我国的社会资本、金融和经济增长进行了研究，选取全国 31 个省（区、市）1997~2008 年的年度数据，进行面板数据分析，结果显示：社会资本对经济增长有推动作用，金融对经济增长有抑制作用，而只有社会资本和金融有效结合才能对经济增长有推动作用。姜冉（2010）对 1982~2007 年泛珠江三角洲地区的经济数据进行实证分析，发现泛珠江三角洲地区存在金融聚集现象，金融业的聚集促进了该地区的长期经济增长。马勇（2010）以全球 59个具有代表性的国家和地区的经济和金融数据为基础，运用计量方法对金融结构与经济增长的相关变量进行实证检验，研究发现，金融结构优化并不能显著地促进经济增长；无论是发达国家还是发展中国家，银行业的发展都能够推动经济增长，其效果好于股票市场，其原因是银行能通过信贷渠道助力私人经济部门发展。王勋等（2011）从金融规模与金融结构两个角度出发，选取 1990~2004 年 29 个省份的面板数据，以金融规模、银行集中度、直接融资比例为研究变量，运用固定效应模型、工具变量模型和动态面板模型进行研究，发现金融规模扩大会引起经济增速下降，而银行集中度下降、金融结构优化将对经济增长产生积极的影响。

二 货币政策区域效应的存在性及其原因研究

现代西方货币理论一般认为货币政策是总量性的，即货币政策不能够用来调整经济结构，因此国外文献中很少有专门研究货币政策促进区域经济发展问题的文献，直到欧元出现之后，欧洲中央银行统一的货币政策与欧元区各个国家经济金融状况的异质性引发诸多问题，学者们才开始聚焦货币政策区域效应问题。

（一）关于货币政策区域效应的存在性研究

国外最早对货币政策区域效应进行研究的是 Scott（1955），他在《货币政策的区域影响》中提出美国纽约市场的公开市场操作在向其他地区传导的过程中存在明显的时滞现象。此后，国外学者针对货币政策区域效应从不同角度进行了研究。1976 年 Beare 通过将区域商业周期模型（Regional Business Cycles Model）引入传统凯恩斯货币传导机制，证实了货币政策具有区域效应。2010 年 Yerge 和 Potts 通过研究发现，统一的货币政策在加拿大 5 个重要地区的实施效果有着明显的差异，相比之下，东部地区所受影响更大。Burriel 和 Galesi（2018）使用向量自回归模型得出货币政策所产生的区域效应的时变异质性。国内研究方面，焦瑾璞、孙天琦等（2006）在总结国际经验的基础上，结合 OCA 理论分析认为，中国货币政策区域效应产生的原因有区域差别，但是这不能作为最终选择区域货币政策的依据，要想办法更好地发挥货币政策的效用。陆家磊（2007）从定性和定量角度分析了我国货币政策对东中西三大区域经济增长的影响，货币政策的敏感度从东部到中部、西部依次减弱，应从区域经济协调发展出发在现有统一的货币政策的基础上，实施某种程度上灵活的区域性货币政策。苗文龙、陈卫东（2010）讨论了财政政策、货币政策与区域经济周期异步性的关系，研究发现技术冲击和财政政策、货币政策冲击可以解释 80% 以上的中国区域经济周期特征；财政政策、货币政策存在显著的区域经济周期冲击效应；货币政策冲击大于财政政策冲击；无论是财政政策还是货币政策，其对东部地区经济周期的冲击都大于中、西部地区。郭福春、王丹（2010）比较了货币政策的浙江效应与东部、中部、西部、东北等四大区域效应的差异，发现货币政策对浙江经济的影响大于对东部地区的整体影响。王铮（2010）定量分析了 1994~2007 年中国统一货币政策冲击对八大经济区域产出和物价的影响，结果表明货币政策传导机制在不同区域产生不同效应，表现为对于货币政策冲击各地区产出和物价在反应程度和时滞上具有显著差异。玄相伯、吴诗锋（2014）的研究结论是中国货币政策调整可能会扩大发达地区与欠发达地区之间的经济差距，进而对区域经济结构产生不利影响。杨荣、郭威（2015）基于最优货币区理论，分析我国货币政策在江西、浙江两省产生的影响，实证分析表明由于我国区域经济发展差距较大，东、中部地区金融和产业结构差异明显，货币政策在不同区域产生的影响会有差异；王国松、孙自胜

（2016）运用 1995~2014 年面板数据模型对区域异质性信贷传导渠道进行检验，发现货币政策区域非对称性效应是由区域异质性信贷渠道所致，就各区域的信贷产出效应而言，西部地区最大，其次是中部地区，东部和东北部地区最弱。欧阳易、万解秋（2017）利用 VAR 模型对江苏和安徽两个较具代表性的省份的经济数据进行实证分析，验证了两省在一定时期内对于宏观货币政策调整的反应不同。

（二）关于货币政策区域效应产生原因的研究

1. 产业层面

20 世纪 90 年代以来，国外学者开始研究货币政策对不同行业的产生效应。Bernanke 和 Gertler（1995）等学者从信贷传导机制入手，运用 VAR 模型对货币政策的行业效应进行深入探析，认为货币政策对某些行业的作用更为凸显。Ganley 和 Salmon（1998）分析英国的数据后得出结论，对于货币政策 24 个行业表现出不同的应激效应，行业政策敏感度从高到低依次为建筑业、制造加工业、服务业和农林业等。Ibrahim（2005）利用 VAR 模型和方差分解等工具，对马来西亚农业、林业、渔业等八大行业的货币政策冲击反应进行了研究，证实马来西亚各个行业的货币政策冲击反应各有不同。Alam 和 Waheed（2006）、Ghosh（2009）则分别运用巴基斯坦和印度的数据验证了货币政策的不同行业效应。

进入 21 世纪，国内学者也开始关注货币政策的产业效应。王剑、刘玄（2005）运用 1992~2003 年的月度数据来探究我国货币政策传导的行业效应，认为各个行业因货币供应量（M2）不同而呈现较大的冲击异同性。戴金平、金永军、陈柳钦（2005）从理论层面对货币政策的产业效应异同予以阐述，并利用 1996~2004 年的数据实证探析国内货币政策的产业效应差异，得出在利率冲击方面，第一、二产业表现尤为突出，第三产业相对较弱。闫红波、王国林（2008）利用 VAR 模型从企业规模、投资等层面对货币政策的产业不对称效应的成因进行解析。汪昊旻（2009）对 1978~2007 年的年度数据进行实证分析，认为第二产业因货币供给量变动而变化最为突出，第一和第三产业的产出因货币供给量增多而增加，第二产业则相反，产出会下滑。曹永琴（2010）的研究则表明货币政策在任何时段内的产业效应都具有不对称特性，三次产业对货币供给冲击的反应明显不同，由弱到强依次为第一、第三、第二产业。

2. 金融层面

Cecchetti（1999）研究发现，统一的货币政策对欧盟各个国家产生的影响具有差异性，而这是由各个国家金融结构的不同而引起的。Massimo 等（2013）认为地区债务和银行融资会使得债务缺乏灵活性，因此实施货币政策必然会对不同地区产生不同的效果，尤其是债务不灵活性的升高会增强持有现金流的敏感性，对地区的影响会加大。蒋益民、陈璋（2009）的研究表明，区域生产力水平的差异是影响货币政策区域效应的长期因素。区域产业结构和区域金融结构都是影响货币政策区域效应的重要因素，相对而言，区域金融结构对于削弱货币政策区域效应更具实际意义。崔泽园、王书华（2013）结合区域差异性和金融结构体系差异化两方面的特点，利用东、中、西部面板数据，构建动态面板数据模型，实证表明要提高货币政策的有效性，就需从金融结构下手。朱芳、吴金福（2014）选取了 1978~2010 年度面板数据，运用 SVAR 模型对八大综合经济区进行了实证研究，发现中国的货币政策存在显著的区域效应，其原因涉及信贷渠道、汇率渠道。

总之，国外学者对于货币政策区域效应的研究较早，在理论分析和实证检验方面都有不少成果，国内学者更多的是基于国外的货币政策区域效应理论，结合中国的基本情况进行一些探索性研究。关于货币政策区域效应的存在性问题，国内外学者的观点比较一致，而对于产生货币政策区域效应的原因以及如何应对等问题，国内外学者的观点则不尽相同，主要集中在三个方面：第一类以 Mundell（1961）的最优货币区理论为分析框架，认为在不满足最优货币区标准的国家和地区实行单一货币政策将产生货币政策区域效应；第二类认为在货币政策区域性影响的金融结构差异论和货币内生前提下提出的后凯恩斯主义观点更具说服力；第三类则主要从实证研究的角度，按照一定的时期和区域划分标准，对货币政策传导过程中的利率、信用、汇率等进行检验，以期找到货币政策区域效应产生的主要原因。

三 结构性货币政策促进区域经济发展的相关研究

国外发达经济体区域之间经济发展不平衡程度已经大为下降，因此表现为现代货币经济理论很少讨论货币政策的结构性，很少研究运用货币政策促进区域经济发展问题。这与我国的情况正好相反，我国的现状是区域间经济发展不平衡，其中的原因很多也很复杂，因此，必须重新审视作为宏观调控重要手段的货币政策与区域经济发展之间的关系。货币政策的制定与实施会直接作用于区域经济发展，而区域间经济发展不平衡会反过来对货币政策目标的实现产生重要影响。由于我国区域间经济发展不平衡，货币政策的传导途径也必然受到影响，全国统一的货币政策与区域间经济发展不平衡促使货币政策区域效应产生，从而进一步加剧了区域间经济发展不平衡。通过对以往文献的梳理，对于货币政策与区域经济发展之间关系的研究大致可以分为三个阶段。

（一）研究的起步阶段

2000 年之前国内学界对于货币政策区域效应的探讨较少，只有零星文献进行了讨论。从相关文献来看，葛兆强、郝继伦（1995）比较早地研究了货币政策区域化和区域经济协调发展之间的关系，支持货币政策区域化的基本理由在于区域经济发展水平差异和货币政策区域效应差异。其关注点并不是货币政策区域效应，对该效应产生的原因还没有展开深入探讨。这一时期的另一篇重要文献是骆玉鼎（1998）在《中央财经大学学报》发表的《区域经济发展不平衡与货币总量调控的局限性——最适货币区理论对宏观政策选择的启示》，认为多年来被学者们诟病的信贷计划将资金规模"切条、切块、切丝、切末"的做法，在理论上具有西方国家货币供应量调控所不具备的优点，不仅能够控制总的信用规模，还能够直接决定信用在不同区域及行业中的分配。上述研究考虑到了统一的货币政策与区域间经济发展不平衡之间的矛盾，也触及了对于货币政策性质的思考，提出了货币政策区域化、差别化的思想，但是对于货币政策本质属性的探讨还有待深化，结构性货币政策的概念尚未提出。

（二）研究的渐进阶段

2000 年之后，关于货币政策与区域经济发展之间关系的研究进入新阶段，标志是"货币政策结构性"与"结构性货币政策"这两个概念的正式提出。通过在知网进行学术搜索可以发现，讨论货币政策与区域经济发展之间关系的相关中文文献共有百余篇，提出发挥货币政策的结构性调节作用的有 60 余篇，其中最早在论文中正式提出"货币政策结构性"这一概念的是唐文进（2000），其在《货币政策结构性调控论》中指出，结构性调控是中国转轨时期"二元经济"特征的客观要求，是中国消费函数特征的逻辑推论，也是中国货币政策实践的经验总结，并认为发挥结构性调控作用是中国货币政策调控的重大进步。最早在文献中提出"结构性货币政策"这一概念的是唐珏岚（2003），其在《当前启动和强化结构性货币政策工具的必要性》中分析了总量扩张货币政策失效的主要原因，并指出了中国运用结构性货币政策的理论与现实依据，认为要构建中国结构性货币政策体系。可以说，前面两位学者侧重于货币政策的理论分析，或是侧重于货币政策工具的现实运用，从不同视角论证了我国现阶段运用货币政策促进区域经济发展和产业结构调整的重要作用。在此之后，"结构性货币政策"与"货币政策结构性"出现在文献中的频率逐渐增加，显示出学界对于这一领域的研究保持了较高的关注度。这一阶段另一篇重要文献是厉以宁（2010）的《中国货币政策的思考——总量调控和结构性调控并重》，分析了货币政策总量调控存在四个方面的局限性，指出在经济非均衡的现实条件下，中国货币政策总量调控不可能达到完全市场化经济的效果，并进一步指出即使在市场经济国家，在经济滞胀的情况下，货币政策的总量调控也是无能为力的。其核心观点是货币政策的总量调控不一定是纯粹的总量调控，总量调控和结构性调控的兼用和配合可以取得更好的效果。这个阶段的显著特点是学者们开始把研究的重点深入到货币政策自身属性，明确指出货币政策兼具总量性与结构性，并且与经济发展阶段和生产力发展水平相适应，总量性货币政策要有效发挥作用必须具备前提条件，但是我国目前并不具备这些条件（周孟亮，2007）。这个阶段文献的另一个显著特点是针对某一区域，特别是西部落后地区的实证研究比较多（周晓强等，2006；李媛等，2008；王小平，2008；张文彬，2010）。也有学者开始研究借鉴国外结构性货币政策的实践意义，并对我国的货币政策工具的结构性作用展开了深入的讨论（安佳，2006；马贱阳，2011；瞿红艳，2011）。

（三）研究的深入阶段

中国知网中与"结构性货币政策""货币政策结构性"相关话题的论文数量在 2016 年达到峰值，2013 年我国首次创设了常备借贷便利（SLF）这一结构性货币政策工具，之后中国人民银行先后推出了中期借贷便利（MLF）、定向中期借贷便利（TMLF）等一系列结构性货币政策。因此，把 2013 年之后的阶段称为"研究的深入阶段"，一方面这一阶段学者年均发表的相关论文数量有较大幅度的增加，另一方面我国央行推出了一系列新型结构性货币政策工具，加快了货币政策促进经济协调发展的步伐，出现了理论与实践相互促进的局面，主要研究方向如下。

1. 结构性货币政策国内外比较

一些学者分析了欧美等国主要结构性货币政策工具的特点，并就中国结构性货币政策与国外结构性货币政策在操作工具、政策内涵、出台背景、适用条件、政策目标、操作方式、实施效果等方面的异同进行了比较研究。荣刚、闵晓鸣（2016）基于欧洲结构性货币政策的实施效果，认为中国在实施定向降准结构性货币政策时，应该提高银行机构不履行义务的惩罚标准，制定严格的处罚措施。刘蔚（2016）在研究国际主要央行推行结构性货币政策运作的基础上，将其先进经验与我国结构性货币政策工具进行比较，发现我国和欧美国家对结构性货币政策的认知定位和操作实践存在一定的差异，在内涵、目标等方面均有不同的设计安排。

2. 对结构性货币政策的理论认识

结构性货币政策是相对传统货币政策而言的，传统货币政策作为宏观调控政策，其作用对象是整个经济体系，但是作为总量管理政策，传统货币政策无法解决地区发展不平衡、产业转型升级障碍等一些中微观经济中存在的结构性问题。马贱阳（2011）将具有结构效应的货币政策统称为结构性货币币政策，并指出结构效应可总结为三个层面，即区域结构效应、产业结构效应和消费结构效应，显然，这一界定主要侧重于货币政策的宏观影响。封北麟、孙家希（2016）从政策内涵、出台背景、适用条件、政策目标与操作方式等方面对国内外结构性货币政策进行比较研究，认为中国结构性货币政策可以通过定向调控功能，直接作用于实体经济，在结构调整方面与财政政策之间存在充分的合作空间。

3. 结构性货币政策的效果研究

国内研究普遍认为结构性货币政策工具有助于改善社会融资状况。卢岚、邓雄（2015）认为，我国推出的结构性货币政策工具既有助于调节市场的短期及长期资金供给，熨平临时性因素对资金供求带来的扰动，稳定金融市场运行，也有助于降低企业融资成本，增强货币政策弹性。张远（2016）也指出，与传统货币政策工具相比，结构性货币政策能够明显作用于对经济运行的定向调控，而定向降准政策的作用尤其明显。荣刚、闵晓鸣（2016）基于欧洲结构性货币政策的实施效果，认为中国在实施定向降准结构性货币政策时，应该提高银行机构不履行义务的惩罚标准，制定严格的处罚措施。

4. 结构性货币政策的传导机制

与国外结构性货币政策的出台背景不同，我国结构性货币政策并非为了应对金融危机，更多的是为了缓解资金供给的结构性矛盾和解决区域经济发展不平衡问题。国内学者对于结构性货币政策的传导机制研究主要是从利率渠道、信贷渠道、资产价格渠道等角度展开，马文鹏（2016）指出，央行通过常备借贷便利（SLF）操作向市场传达央行引导利率走向的政策意图，有利于稳定未来短期市场利率预期，进而传导至中长期利率，促进投资和产出增加。张克菲、任小勋、吴晗（2018）认为央行实施的结构性货币政策对于资金面量和价的调控都更为精准，通过精准投放弱化了对股票市场的冲击，通过预期管理强化了对债券市场价格的先导作用。

第二章　相关概念与理论基础

第一节　相关概念界定

一　经济增长的内涵

著名俄裔美国经济学家西蒙·库兹涅茨（Simon Smith Kuznets）认为，国家的经济增长，可以被定义为向人们提供品种日益丰富的商品的能力的提升。从这个定义可以看出经济增长与经济发展是相辅相成的，经济增长的目的是经济发展，同时也是实现经济发展的手段，经济发展的基础是经济增长。经济增长体现出的是生产力和生产效率的提升，只有生产力和生产效率提升了，国家才有提供丰富的商品的可能，所以经济增长是经济发展的前提条件。正因为经济增长对一个国家的发展和社会的进步如此重要，所以影响经济增长的因素一直是学者研究的重点，并且形成了许多关于经济增长的研究成果。

关于经济增长的衡量标准，目前人们普遍使用的是国内生产总值（GDP）这一指标，它是指一个国家（或地区）在一定时期内所生产的最终产品和服务价值的总和。从生产函数的角度考虑，劳动力、资本、技术等都是决定经济增长的直接因素。一般使用国内生产总值增长率衡量一个国家（或地区）的经济增长速度，使用国内生产总值的绝对值衡量一个国家（或地区）的经济总量规模。需要注意的是，应该区分经济增长和经济发展，这两个概念相似但实则差别很大。首先，从两者的关系来说，是包含与被包含的关系，经济发展包含了经济增长，经济增长是经济发展的一个方面；其次，从两者的定义来看，经济增长是指量的增长，如地区生产总值、人均生产总值、人均储蓄与收入等方面的增加。经济发展所关注的方面更多，它不仅体现为量的变化，还体现为质的变化。经济发展不仅关注经济指标的变化，还关注产业结构、人民生活水平、收入贫富差距等方面的变化。

二 金融发展的内涵

最早对金融发展进行系统描述的是美国经济学家雷蒙德·戈德史密斯，他在《金融结构与金融发展》一书中首次提出金融发展的概念，指出金融发展就是金融结构的变化，同时把金融结构定义为金融机构的种类和数量以及金融工具的种类和数量，即金融发展是指金融工具以及金融机构在种类和数量上的变化。戈德史密斯使用一套反映金融结构特征的指标体系来对一个国家的金融结构进行衡量。其中，金融相关比率（FIR）处于特殊的重要地位，是衡量一国或者一个地区金融发展水平的最重要的指标，戈德史密斯用金融相关比率（FIR）作为衡量金融发展水平的指标，其计算公式为某一时点上现存金融资产总额与国民财富实物资产总额加上对外净资产之比。麦金农和肖认为金融发展是金融体系的形成以及金融行为市场化的过程。我国学者也对金融发展的内涵进行了研究，韩廷春（2001）认为金融发展是一个动态的概念，包含了三个层次：一是金融资产总量的增加；二是金融体系效率的提高和金融结构的优化；三是金融机构内部作用机制的改变。韩廷春（2002）对金融发展的总结是更具有内涵的，不仅考虑到金融在数量和效率上的变化，还考虑到了金融机构内部作用机制的改变。综合前人的研究成果，金融发展可以分为三个方面，包括在数量、结构、效率上的变化。在数量上的变化主要表现为金融机构的种类和数量不断增多，金融工具的种类和规模不断增加，金融交易的流量不断增加；在结构上的变化主要表现为直接融资市场和间接融资市场相对规模的变化，直接融资市场包括股票市场、债券市场等，间接融资市场主要是指金融机构的贷款；在效率上的变化主要是指金融机构吸收的存款转换为贷款的能力变化，金融机构吸收的存款转换为贷款的比例越高，则金融的效率越高。

三 货币政策区域效应的内涵

货币政策区域效应，或者称为货币政策效应的空间不一致性，主要是研究货币当局统一的货币政策对于经济状况各异的各个区域（空间）的不同影响，通常是指在一个货币区内，由于各区域经济和金融发展水平（甚至社会习俗、法律制度等）存在程度不一的异质性，统一的货币政策在不同区域产生不同的甚至差异显著的效应，这不仅会加大货币政策的决策难度，削弱货币政策的有效性，还会进一步加剧各区域产出和价格水平之间的差异，从而可能引发巨大的利益冲突，甚至导致货币联盟的解体（吕素香、张谊然，2010）。

第二节 区域经济增长相关理论

一 区域经济的均衡发展理论

本书研究的关键问题除了货币政策效应的空间非一致性问题，即货币政策区域效应问题之外，还有一个与之关联的重要问题即区域经济协调发展，试图通过厘清货币政策区域效应的产生机理，从而更好地促进我国各区域经济协调发展，因此，有必要梳理有关区域经济发展的相关理论。

（一）大推进理论

大推进理论是均衡发展理论中具有代表性的，是英国著名的发展经济学家罗森斯坦·罗丹（P. N. Rosenstein-Rodan）于1943年在《东欧和东南欧国家工业化的若干问题》一文中提出来的。该理论的核心是发展中国家或地区对国民经济的各个部门同时进行大规模投资，以促进这些部门的增长，从而推动整个国民经济的高速增长和全面发展。大推进理论是基于生产函数、需求、储蓄供给的三个"不可分性"①。为了消除需求和供给对经济发展的限制，罗丹认为必须以最小临界投资规模对几个相互补充的产业部门同时进行投资，只有这样，才能产生"外部经济效应"，即通过对相互补充的部门同时进行投资，一方面可以创造出互为需求的市场，解决因市场需求不足而阻碍经济发展的问题；另一方面可以降低生产成本，增加利润，提高储蓄率，进一步扩大投资，消除供给不足的"瓶颈"。实施大推进所需的资本来源于国内国际双向投资，重点投资领域集中在基础设施和轻工业部门。大推进理论为发展中国家或地区的工业化提供了解决问题的思路。

（二）贫困恶性循环理论

1953 年，美国发展经济学家讷克斯在《不发达国家的资本形成问题》一书中提出了"贫困恶性循环"观点，他认为发展中国家的贫穷是因收入水平低而形成了两种恶性循环，即供给不足的恶性循环（低生产率—低收入—低储蓄—资本供给不足—低生产率）和需求不足的恶性循环（低生产率—低收入—消费需求不足—投资需求不足—低生产率），而破除这两种恶性循环的关键是实施平衡发展战略，同时在各产业、各地区进行投资，既促进各产业、各部门协调发展，改善供给状况，又在各产业、各地区之间形成相互支持性投资的格局，不断扩大需求。但他并不认为各部门应按同一比率发展，而是主张按不同比率投资和发展各部门，投资比率应当依据各部门产品的需求价格弹性和收入弹性来确定。

新古典区域经济均衡发展理论的核心思想是，区域经济发展在市场机制作用下通过区域内部资本积累和区域间生产要素流动，最终会自动趋向均衡（陈秀山、石碧华，2000）。这一结论是建立在一系列新古典假设条件基础上的，如区域间生产要素完全自由流动、各区域技术进步无差异、生产要素

---

① 生产函数的不可分性：罗森斯坦·罗丹认为，投入产出过程中的不可分性能够增加收益，并对提高资金产出比作用更大。在基础设施的供给方面"社会分摊资本"就具有明显的过程上的不可分性和时序上的不可逆性。比如能源、交通、信息等基础设施建设周期长，且必须先于直接生产性投资；由于其资本形成还具有相当程度的持久性，一旦形成规模和能力，要改变这种资本存量结构就比较困难。这是它促进外部经济发展的前提，也是发展中国家工业化过程中最为常见的"瓶颈"。

自由替代、劳动力同质等，这些假设条件与现实相去甚远。同时，该理论没有把技术进步作为重要的内生变量纳入分析框架，也没有关注制度因素的影响，新增长理论的研究表明，美国经济增长中制度因素的贡献比生产要素的贡献要大得多（送言，2004）。事实上，市场力量的作用通常趋于增加而不是减少区域差异。发达区域由于拥有更好的基础设施、服务和更大的市场，对资本和劳动力具有更强的吸引力，从而产生极化效应，形成规模经济，虽然也有发达区域向周围区域的扩展效应，但在完全市场中，极化效应往往强于扩展效应，使区际差异加剧。新古典区域均衡发展理论虽然逻辑十分严密，然而这一体系结构是建立在一系列与现实相去甚远的假设条件之上的，忽略了规模经济和聚集经济，忽略了技术进步，忽略了市场缺陷和制度因素，导致其在现实中的运用十分有限。

二 区域经济的非均衡发展理论

（一）增长极理论及其发展

所谓"增长极"，从狭义上讲有三种类型，一是产业增长极，二是城市增长极，三是潜在的经济增长极；从广义上讲，泛指所有促进经济增长的积极因素或生长点，其中包括制度创新点、对外开放度、消费热点等。该理论认为，区域经济的发展主要依靠区位条件较好的少数地区和少数产业带动，因而应把少数区位条件好的地区和少数条件好的产业培育成经济增长极，通过增长极的极化和扩散效应，影响和带动周边地区和其他产业发展（王章留等，2006）。

经典的增长极理论最初由法国经济学家佩鲁提出，后来法国经济学家布代维尔、美国经济学家弗里德曼、瑞典经济学家米尔达尔、美国经济学家赫希曼均不同程度地进一步丰富和发展了这一理论。增长极理论认为，一个国家要实现平衡发展只是一种理想，在现实中是不可能的，经济增长通常是从一个或数个"增长中心"逐渐向其他部门或地区传导。因此，应选择特定的地理空间作为增长极，通过增长极产生的区位经济、规模经济和外部经济效应带动区域经济发展。为了促进增长极的形成，应致力于发展推进型企业和以推进型企业为主导的产业综合体。推进型企业和产业综合体通过技术创新活动，促进和带动区域经济迅速增长。创新是产生极化效应的动力，创新活动不仅使单个企业的生产效率提高，还会对当地和周边地区产生重要影响。从技术方面看，增长极内的技术创新活动使企业产出增长率、投资回报率大大高于落后地区同类企业，从而引起周围其他企业的学习和效仿；从社会结构方面看，创新使现有的社会价值观念、行为方式和组织结构更容易朝着变革方向转变，使之适应创新结果，并成为下一次创新活动的基础；从社会心理方面看，创新强化了社会群体的进取意识，同时促进了周边地区劳动力为改变自己的比较劣势而提高自身素质的努力。

增长极理论自提出以来，就被许多国家用来解决不同的区域发展和规划问题，因为它具有其他区域经济理论所无法比拟的优点：第一，增长极理论对社会发展过程的描述更加真实。新古典经济学者信奉均衡说，认为空间经济要素配置可以达到帕累托最优，即使短期内出现偏离，长期内也会回到均衡位置。佩鲁则主张非对称的支配关系，认为经济一旦偏离初始均衡，就会继续沿着这个方向运动，除非有外在的反方向力量推动才会回到均衡位置。这一点非常符合地区差异存在的现实。第二，增长极概念非常重视创新和推进型企业的重要作用，鼓励技术革新，符合社会进步的动态趋势。第三，增长极概念形式简单明了，易于了解，对政策制定者很有吸引力。同时，增长极理论提出了一些便于操作的有效政策，使政策制定者容易接受。例如，佩鲁认为现代市场充满垄断和不完善，无法自行实现对推进型企业的理性选择和环境管理，因此政府应对某些推进型企业进行补贴和规划。佩鲁的发展极理论存在两大缺陷，一是该理论主要阐述了增长极对其自身和其他地区发展的积极作用，而忽视了增长极对其他地区发展的消极影响；二是该理论将增长极构建在抽象的经济空间基础上。对于前者，瑞典经济学家米尔达尔和赫希曼予以了必要的补充和发展；对于后者，则由其弟子法国经济学家布代维尔进行了开拓性的系统阐释。

米尔达尔提出"扩散效应"（各种生产要素在一定发展阶段上从增长极向周围不发达地区的扩散，因而形成区域差距缩小趋势）和"回波效应"（各种生产要素向增长极的回流和聚集，因而形成区域差距扩大的趋势），用以阐释经济发达地区优先发展对其他落后地区的促进作用和不利影响。与米尔达尔的两大效应相对应，赫希曼也提出了"涓滴效应"和"极化效应"，即在经济发展初级阶段，极化效应占据主导地位，区域差距会逐渐扩大；但从长期看，涓滴效应有利于缩小区域差距。米尔达尔在批判新古典主义经济发展理论所采用的传统静态均衡分析方法的基础上，认为市场机制能自发调节资源配置，从而使地区经济均衡发展，这不符合发展中国家的实际。事实上，长期信奉市场机制的发达国家也没能实现地区均衡发展。因此米尔达尔提出，应采用动态非均衡和结构主义分析方法来研究发展中国家的地区发展问题。米尔达尔认为，市场力的作用一般倾向于加剧而非削弱地区间的发展不平衡，某些地区发展得快一些，而另一些地区发展得相对较慢，一旦某些地区因初始优势而发展超前于其他地区，这种发展优势就将一直保持下去。因此发展得快的地区将发展得更快，发展得慢的地区将发展得更慢，这就是循环累积因果原理：从一个动态的社会来看，社会经济各因素之间存在循环积累的因果关系。某一社会经济因素的变化会引起另一社会经济因素的变化，而后一因素的变化，反过来又加强了前一因素的变化，导致社会经济过程沿着最初那个因素变化的方向发展，从而形成了积累性循环发展趋势，这一原理的作用导致了"地理上的二元经济"结构的形成。法国经济学家布代维尔对"经济空间"这一术语做了开拓性（从经济空间拓展到地理空间并从经济理论延伸到经济政策）的系统阐释。他认为，经济空间既包括经济变量之间的结构关系，也涵盖其所在的地域结构或区位关系；发展极既可以是部门的，也可以是区域的，并正式提出"区域发展极"概念。经济空间或经济区域可划分为三类：一是同一或均质区域，二是极化区域，三是计划区域，即政府的计划和政策的实施区域。

（二）中心—外围理论

中心—外围理论最早是由劳尔·普雷维什于 20 世纪 40 年代提出的，约翰·弗里德曼在 20 世纪 60 年代将这一理论引入区域经济学。弗里德曼结合熊彼特的创新思想提出了空间极化理论，认为发展可以被看作一种由基本创新群最终汇成大规模创新系统的不连续积累过程，而迅速发展的大城市系统，通常具备有利于创新活动的条件。创新往往是从大城市向外围地区进行扩散的，基于此，约翰·弗里德曼创建了中心—外围理论。中心区是具有较高创新变革能力的地域社会组织子系统，外围区则是根据与中心区所处的依附关系，由中心区决定的地域社会子系统。中心区与外围区共同组成完整的空间系统，中心区在空间系统中居支配地位。他认为任何国家的区域系统，都是由中心和外围两个子空间系统组成的。资源、市场、技术和环境等区域分布差异是客观存在的。当某些区域的空间聚集形成累积发展之势时，就会获得比其外围地区强大得多的经济竞争优势，从而形成区域经济体系中的中心。外围（落后地区）相对于中心（发达地区），处于依附地位而缺乏经济自主，从而出现了空间二元结构，并随时间推移而不断强化。中心区发展条件较优越，经济效益较高，处于支配地位，而外围区发展条件较差，经济效益较低，处于被支配地位。因此，经济发展必然伴随着各生产要素从外围区向中心区的净转移。

中心—外围理论对于促进区域经济协调发展具有重要的指导意义。其政策含义在于，政府与市场在促进区域经济协调发展中的作用缺一不可，既要强化市场对资源配置的基础性作用，促进资源优化配置，又要充分发挥政府在弥补市场不足方面的作用，大力改善交通条件，加快城市化进程，以促进区域经济协调发展。

（三）梯度转移理论

梯度转移理论源于弗农提出的工业生产的产品生命周期理论。产品生命周期理论认为，工业各部门及各种工业产品，都处于生命周期的不同发展阶段，即创新、发展、成熟、衰退等四个阶段。此后威尔斯和赫希哲等对该理论进行了验证，并予以充实和发展。区域经济学家将这一理论引入区域经济学，便产生了区域经济发展梯度转移理论。

梯度转移理论认为，区域经济的发展取决于产业结构状况，而产业结构状况又取决于地区经济部门，特别是主导产业在工业生命周期中所处的阶段。如果主导产业部门由处于创新阶段的专业部门所构成，则说明该区域具有发展潜力，因此将该区域列为高梯度区域。创新活动是区域发展梯度层次的决定性因素，而创新活动大都发生在高梯度区域。随着时间的推移及生命周期阶段的变化，生产活动逐渐从高梯度地区向低梯度地区转移，而这种梯度转移过程主要是通过多层次的城市系统扩展开来的。

梯度转移理论主张应首先发达地区加快发展，然后通过产业和要素向较发达地区和欠发达地区转移来带动整个经济的发展。梯度转移理论也有一定的局限性，主要是难以科学划分梯度，实践中容易扩大地区间的发展差距。该理论忽视了高梯度地区内有落后区域、落后地区内有相对发达区域的事实，人为限定按梯度推进，使差距进一步扩大，发达的地方更发达、落后的地方更落后。

（四）倒"U"形理论

1965 年，美国经济学家威廉姆逊在其发表的《区域不平衡与国家发展过程》一文中提出了倒"U"形理论。该理论建立在实证研究基础之上，对 24 个国家的国际横剖面数据和 10 个国家的时间序列数据进行分析，发现发展阶段与区域差异之间存在倒"U"形关系，将时序问题引入区域空间结构变动分析，认为经济活动的空间集中式极化是国家经济发展初期不可逾越的阶段，由此产生的区域经济差异会随着经济发展而最终消失。根据该理论，经济的发展是通过"一系列的不平衡"来实现的。在经济发展初期，地区之间的经济差距将逐步扩大；经过一段时期，地区差距将逐渐保持平稳；当经济发展进入成熟期以后，地区差距将趋于缩小。这一理论关注到了均衡与增长之间的替代关系随时间推移而呈非线性变化，强调经济发展较快时期增长对均衡的依赖。这种运用区域发展不平衡规律来实现平衡发展目标，也成了区域规划实践的重要指导思想。

就金融发展与经济增长而言，不管是沃尔特所言"良好的金融系统能够把资金从低效率投资引向高效率投资"的金融促进经济增长的观点，或是帕特里克认为"金融发展只是由经济增长的需求引致的，是实体经济的繁荣带动了对金融服务的需求，从而推动了金融发展"的金融从属经济增长的观点，又或是韦恩伯格所说"金融发展使得金融中介与国内厂商相互竞争，反而降低了国内厂商的信贷可得性，从而导致社会投资的萎缩、生产率的下滑"的这种金融发展抑制经济增长的观点，都只是从单一的、片面的角度进行了分析。而金融发展和经济增长应当是紧密联系、相互作用的。

三　区域经济与区域金融关系的一般性分析

（一）区域经济增长对区域金融发展起决定性作用

经济增长对金融发展起着决定性作用，体现在以下两个方面：一是金融是在商品经济的发展中逐步出现并随着商品经济的兴盛而发展壮大的。金融，顾名思义最基本的含义就是资金的融通，而资金的融通就必然需要有一个度量的单位——货币，而货币作为一般等价物正是伴随着商品交换而产生的。由此可见，经济的增长决定了金融的发展，毕竟没有货币，金融也就无从谈起了。二是商品经济发展的不同阶段，对金融的要求也有所区别，由此出现了金融结构、金融工具和金融效率。比如在新中国成立初期，国家实行的是计划经济，所有的生产资料按照计划进行分配，这时候的价值规律和市场调节作用得不到凸显，金融自然也是不需要的——一切资源都是按计划分配的，甚至连当时的中央银行也只是单纯地实行统一货币发行功能而已。而后，随着经济的发展，实体经济的繁荣带来了一系列问题，如资金的配置效率、信贷的配给、投资和筹资的渠道等，这些问题使得人们对金融的要求变得更为严格，金融结构开始改善——至少如今的银行主导市场中，其他类型的金融机构也不在少数；金融工具数量逐渐增加，以满足人们对分散风险、提高收益的要求；金融效率逐渐提高，以支撑经济的高速运作。值得一提的是，Patrick（1966）指出金融发展与经济增长之间存在"门槛效应"，只有在经济规模达到一定水平之后，金融发展才会对经济增长起到促进作用，而在此之前，金融发展对经济增长的作用是微乎其微的。王林辉（2008）的实证分析也证明了这一点。这也恰好证明了经济增长相对于金融发展的主导地位，经济增长对金融发展起着决定性的作用。

（二）区域金融发展对区域经济增长起着推动作用

从金融发展对资源配置效率的提升角度来看，资金可以被投向低风险、低收益的金融资产或者是高风险、高收益的金融资产，而个人对金融资产的了解其实是远不如金融中介的。金融中介可以通过投资组合来对风险和收益进行配比，从而满足个人的需求，加快交易速度、节约成本。此外，金融市场的定价能力可以引导资金流向效益更高的部门，促进经济质量的变化。从管理风险的能力来看，金融发展离不开金融工具的创新，而金融工具种类的增加有利于投资者规避各种各样的风险，促进投资的增加，一方面降低了金融体系的风险，另一方面促进了经济的增长。从集中资金的能力来看，金融发展带来的是金融体系信用扩张能力的增强、交易媒介功能的放大，金融业的繁荣带来了大量资金的聚集，可以迅速地与需求资金的企业相匹配，促进实体经济的发展，对社会产出的增加有着积极的影响。

（三）区域金融发展和区域经济增长之间的平衡关系

从辩证的角度来看待金融发展和经济增长，两者之间是存在平衡关系的，经济的增长离不开金融的支撑，金融的发展不能超出经济体的承受能力。吴德礼等（2009）将虚拟经济定义为以金融系统为基础的虚拟资本交易增值的经济活动，包括闲置资本、证券市场、金融衍生品市场等。我们可以简单地将虚拟经济看作是金融深化的产物、金融发展的支撑；与之对应的则是实体经济，实体经济与虚拟经济共同构成了整个经济体系。两者之间存在对立统一的关系。一方面，虚拟经济可以优化资源配置、促进实体经济资本聚集、降低实体经济筹融资成本；另一方面，虚拟经济发展过快时，会吸引大量资金流入，从而阻碍实体经济的发展，有时候甚至会引发金融危机。因此，金融发展和经济增长之间应当达成一种平衡的状态，既不能因金融发展的速度过快而使得经济攒下大量的泡沫，抑制经济的发展，也不能在经济增长的过程中忽视金融发展的作用。

第三节　货币政策促进区域经济发展的相关理论

一　货币政策区域效应研究的缘起——最优货币区理论与实践

最优货币区理论（Optimal Currency Areas，OCA）由著名经济学家诺贝尔经济学奖获得者罗伯特·蒙代尔（Robert A. Mundell）于 1961 年首次提出。该理论认为，当两个国家内部的不同区域受到不对称冲击时，不同区域受此影响其需求会相应上升或下降。其中，需求上升的区域各种要素价格会相应上涨，需求下降的区域各种要素价格会随之下跌；很显然，各种要素会从价格低的区域流向价格高的区域，如果通过财政转移手段对要素流出区域所受到的影响进行控制，那么这两个国家的价格和就业水平将会保持不变，从而使得两个国家不需要对货币政策和利率做出调整。蒙代尔将这个现象从两个国家的内部区域延伸到不同国家和地区之间，如果不同的国家和地区之间有充足的要素的流动性，并且财政转移的渠道足够通畅时，那么这些国家和地区之间就满足了成为最优货币区的条件。最优货币区内可以存在几种货币（甚至可以只存在一种货币），各种货币之间的兑换不存在限制，这几种货币之间的汇率在进行经常项目下的交易以及资本项目下的交易时是相互盯住的（即是固定的），而最优货币区内的货币同区外的货币的汇率则是保持浮动的。最优货币区内部的不同国家在受到外部冲击时，可以降低两个国家进行调节的总成本，要素的自由流动也有利于最优货币区资源的优化配置，提高资源的利用效率，最优货币区内各种货币相互盯住的固定汇率制减少了区内国家之间的交易成本，提高了区内各国的福利水平。基于最优货币区理论，蒙代尔认为从规模经济的角度看，全球可以成为一个最优货币区，由于多种因素的限制，这个目标仅仍是一个构想，不过可以先在全球的局部区域形成若干个最优货币区，从而在一定程度上减少全球范围内的交易成本。

最优货币区理论的提出，促使了欧元的诞生。1991 年 12 月《马斯特里赫特条约》通过，1993 年 11 月 1 日欧盟正式诞生，时至今日，欧盟已有 28

个成员国。1998 年 6 月 1 日，为了统一货币政策，欧洲中央银行（ECB）应运而生，承担起在欧元区制定货币政策的责任，实现了实施单一欧元和在欧元区实行统一货币政策的目标。而统一的货币政策，也给欧元区带来了一些问题。2010～2012 年的债务危机使欧元区经济整体受到拖累，出现了"共退"现象。

"共退"的原因一方面在于欧洲中央银行统一了货币政策，而财政政策却仍然是由各个主权国自主实施。受 2008 年国际金融危机的影响，欧元区各国为了摆脱经济衰退，实施扩张性财政政策——由于货币政策的统一，成员国无法自主利用利率和汇率工具来缓和经济下行的压力。由于无法增发货币以刺激经济，希腊只能求助于欧洲央行以及大规模举债，增加财政赤字，最终导致国内物价的飞速上涨。2009 年其财政赤字和公共债务占国内生产总值的比例分别达到 12.7% 和 113%，远超欧盟规定的 3% 和 60% 的上限，最终导致几乎整个欧元区都被波及。

以此为鉴，我们需要探讨的是中国实行统一的货币政策会不会出现上述类似的问题，各区域因实行统一的货币政策而对其地方政策带来的限制是否会给地方经济带来不良后果。

另一方面则是各国的经济发展不均衡。如果各国实行同样的存款准备金率，在经济高涨时期，由于货币乘数效应，当各国央行提高准备金率时，发达国家的货币量减少幅度要大于欠发达国家，有着更好的"刹车"效果；而在经济低迷时期，当各国央行降低准备金率时，发达国家的货币供应量可能远大于欠发达国家。此外，由于发达国家的金融市场化程度高、融资渠道广，而欠发达国家融资渠道则相对单一，同样的货币政策对不同国家产生的影响也不尽相同。

对于欧元区"共退"现象，我们会发现中国的区域经济发展与欧元区各国有类似之处，各区域也存在经济、金融发展的不平衡问题。尽管近年该情况有所好转，但实施统一的货币政策显然会引发类似的问题。鉴于此，20世纪 90 年代以来，特别是欧元区的货币政策实施之后，我国学界关于货币政策效应的空间非一致性问题的研究逐渐增多。

二　货币政策区域效应研究的理论支撑之一：货币政策传导机制

货币政策要发挥作用必然要依赖其传导的渠道，因此，从货币政策传导机制的角度来研究货币政策区域效应是十分必要的。货币政策是一种政策意图通过货币政策工具，逐次实现操作目标、中介目标及最终目标，货币政策在此过程中发挥作用，并通过传导过程以及相关途径实现宏观经济目标。通常情况下，从货币政策的具体传导途径来看，存在三大基本环节，其顺序依次如下。

一是包括从商业银行到中央银行等在内的金融市场以及金融机构。中央银行主要是通过操作各种货币政策工具，对包括商业银行等在内的金融机构的融资成本、准备金、信用行为以及信用能力产生影响，也会影响到金融市场中的货币需求以及供给的实际状况。

二是从包括商业银行等在内的多家金融机构以及金融市场到包括居民、企业等在内的多个非金融部门中的不同类型的经济行为主体。商业银行等属于典型的金融机构，按照央行颁布的相关政策操作，对本机构行为进行调整，进而影响到不同种类市场经济中的行为主体包括储蓄、消费及投资等在内的多种经济活动。

三是从非金融部门等多种市场经济中的行为主体到全社会中的各种经济变量，涵盖物价、总支出量、就业以及总产出量等。

围绕货币政策的实施可分成制定过程以及执行过程，制定过程始于确定最终目标，然后逐步采取相应的效果目标、政策手段及操作目标。执行过程始于操作政策手段，对操作目标直接发挥作用，进而对效果目标产生影响，确保货币政策实现预期的最终目标。货币政策传导机制理论持续演化，各种学派对货币政策传导机制提出了各具特色的观点。根据上述理论，货币政策的作用大致通过以下几种途径进行传导。

（一）利率传递途径

在货币政策传导研究中，最早被提出来的是利率传导理论，然而从早期阶段来看，无论是休谟提出的短期分析，还是费雪、魏克赛尔分别提出的过渡期理论、累积过程理论，学界都未关注利率传导研究。在凯恩斯发表了《通论》和建立了 IS-LM 模型后，学界开始正式关注和研究货币政策的利率传导机制。这一理论认为价格存在短期的刚性，公开市场操作会改变货币和债券比例，进而改变货币市场利率（货币定价的基础利率），影响利率敏感项目支出。如果一个区域产值中利率敏感产业占较大比例，这个区域受货币政策冲击的影响就相对较大，即货币政策对利率敏感产业相对集中的区域影响较大。鉴于我国公开市场操作的条件其实还不是很成熟，利率市场化过程仍未完成，以基准利率为基础的利率体系也未完全确立，我国货币政策的利率传导途径还不太通畅。

在利率传导途径中，货币政策的基本传递过程如下：

货币供应量 M↑→实际利率 i↓→投资 I↑→总产出 Y↑，即货币供应量增加（减少），会使实际利率下降（上升），投资增加（减少），而投资是总产出的重要组成部分，进而总产出增加（减少）。

（二）信用传递途径

威廉斯提出的贷款人信用可能性理论，是最早关于货币政策的信用传导途径研究的理论，伯南克以此为研究基础提出了两种理论，分别是资产负债表渠道以及银行借贷渠道理论，且得出了以下结论：在货币政策效应传递的过程中，哪怕利率并未出现变动，也会经由信用渠道，对国民经济总量产生重大影响。

货币政策冲击导致货币供给量变化，不仅影响了市场利率，还直接或间接影响了借款者的财务状况，使得中小企业筹措资金变得更加困难。因此，中小企业较多的区域，受货币政策冲击的影响也较大，这就是所谓的资产负债表渠道。银行借贷渠道传导过程的关键就是银行贷款的可获得性。当央行实行紧缩的货币政策时，小银行寻找替代资金来源所受到的限制比大银行要大，从而提供贷款的能力更弱。这意味着一个区域如果小银行提供资金的比例较高，那么，在实行紧缩性货币政策时，这个区域的经济将受到更大的冲击。

基本传导过程如下：

货币供应量 M↑→贷款供给 L↑→投资 I↑→总产出 Y↑，即货币供应量增加（减少）会通过各种金融机构增加（减少）贷款供给，直接促使投资增加（减少），从而引起总产出增加（减少）。

（三）非货币资产价格传递途径

托宾与莫迪利亚尼分别提出了 Q 理论以及生命周期理论，指出了货币政策的非货币资产价格传递渠道。资产价格传导理论注重分析真实经济与资产相对价格之间存在的关系，基本途径如下：

货币供应量 M↑→实际利率 i↓→资产（股票）价格 P↑→投资 I↑→总产出 Y↑，即货币供应量增加（减少）会使实际利率下降（上升），资产（股票）价格上升（下降），从而导致投资增加（减少），而投资是总产出的关键部分，进而总产出增加（减少）。

（四）汇率传递途径

在开放经济中，汇率是具有高度敏感性的宏观经济变量。从货币政策的汇率传导机制相关理论来看，包括利率平价理论、购买力平价理论以及弗莱明一蒙代尔模型等。当中央银行实行扩张性货币政策时，利率下降，资本有流出的倾向，从而导致本币贬值，本国商品价格相对于外国商品更加便宜，本国商品出口增加。出口部门在某区域所占比例越大，货币政策对该区域的作用就越大。我国的汇率制度是有管理的浮动汇率制度，货币政策调整的汇率途径的灵活性相对受限。可以将汇率传导机制过程中的基本途径作如下表示：

货币供应量 M↑→实际利率 i↓→汇率 E↓→净出口 NX↑→总产出 Y↑，即货币供应量增加（减少），实际利率下降（上升），而国际资金会流向利率更高的地区，这样将间接影响到汇率，汇率会下降（上升），从而使净出口上升（下降），而净出口是总产出的重要组成部分，总产出上升（下降）。

三 货币政策区域效应研究的理论支撑之二：金融结构理论

货币政策区域效应的产生除了受传导途径影响外，还会受到传导途径的"载体"影响，这个载体包括不同区域的经济结构、金融结构、企业与居民的异质性。前文已对戈德史密斯的金融结构理论做了比较详细的介绍，其贡献在于使金融发展理论初步形成。他在《金融结构与金融发展》一书中首次提出金融发展的概念。他认为金融发展就是金融结构在不同时点上的变化，包括金融机构的数量、金融工具的存量以及金融交易流量的变化。他还构造了相关的金融指标，以此来衡量一国的金融发展水平，其中最著名的指标是金融相关比率（FIR），它反映了一国或者一地区的经济金融化水平。《新帕尔格雷夫经济学大辞典》中引用戈德史密斯的话"现代金融上层建筑的创立如不就其细节而就其本质而言，在一个国家经济发展的相当早的阶段就已形成，通常在现代经济增长开始的 50～70 年内形成。因此，到 19 世纪末或第一次世界大战前夕，在多数现在的发达国家中实质上已完成现代金融上层建筑的创立，英国稍为早一些。在这期间，金融相互关系的比率，即金融资产和有形资产之商，相当持久地和大幅度地上升"①，这段话中的"金融相互关系的比率"指的就是金融相关比率。戈德史密斯通过对 35 个国家近 100 年的统计资料进行分析发现经济增长较快的时期往往也是金融发展较快的时期，同时发现了金融相关比率与经济发展水平呈正相关关系。戈德史密斯对金融发展与经济增长之间关系的研究方法为以后学者的研究提供了新的研究视角，但是戈德史密斯没有进一步研究金融发展与经济增长之间的关系，关于金融发展与经济增长之间究竟是谁促进了谁的发展，戈德史密斯并没给出答案。

（一）金融结构概念的提出

戈德史密斯在金融结构方面的研究同样也做出了开创性的贡献，在《金融结构与金融发展》中对金融结构也进行了较系统的阐述和研究，之后经学者提炼归纳形成了早期的金融结构（Financial Structure）理论。他主要从金融工具和金融机构两个方面对不同国家的金融结构与发展状况进行了归纳。金融结构方面，他不仅将实体经济与用于服务实体经济的金融进行数量化，分析它们之间在数量上的配比关系，还将不同类型的金融机构和金融工具进行数量比较，分析其占金融总资产的比例之间的关系。戈

---

① 〔英〕约翰·伊特韦尔等编《新帕尔格雷夫经济学大辞典》，经济科学出版社，1996。

德史密斯在对不同国家或地区不同时期的金融结构的数据和史料进行比较分析时，运用了流量分析和存量分析相结合的方法，创造性地提出了衡量一个国家或地区金融结构与金融发展变化水平的流量指标和存量指标，并开创性地提出了金融结构与金融发展存在统一性这一观点，即某一国家或地区金融结构的变化反映了该国（地区）金融发展的状况，这是金融发展的实质，研究一个国家或地区金融发展就是研究该国家或地区金融结构的变化过程和趋势。按照戈德史密斯的定义，某一国家或者地区的金融工具与金融机构的规模、结构就是该国（地区）的金融结构，不同国家或地区的金融结构都会随着时间的推移而变化，并且有着不同的速度和形式，因而要掌握一个国家或地区金融发展水平和发展趋势就需要对该国家或地区的金融结构进行剖析。

我国学者对于金融结构也进行了广泛深入的研究。方贤明于 1999 年提出金融结构就是金融系统诸要素之间内在联系方式或配置格局，是构成金融体系的市场主体（金融中介、监管机构和非金融部门）、市场客体（金融工具或金融市场业务）在数量、规模、比例、份额、行为等方面的关系。刘仁伍（2003）认为区域金融结构是对一个国家或地区现存的各种不同类型的金融工具、金融市场、金融机构乃至金融制度体系从微观到宏观的综合。区域金融结构能够体现出一个国家或地区存在的各种不同类型的金融市场、金融机构和金融工具的性质、绝对数量、相对规模、经营方式、经营特征、集中化程度，以及该国家或地区内各种金融交易和金融机构的方式、规则、惯例、范围、收益分配及其具有的有效性。王广谦（2010）认为金融结构指的是构成金融总体的各个组成部分的规模、运作、组成与配合的状态，是金融发展过程中由内在机制决定的、自然的、客观的结果。白钦先、李安勇（2003）对金融结构进行了更加宽泛的定义，它是相互联系的金融要素在联结、构成、绝对规模与相对规模上的综合，在金融体系中，各种金融要素广泛联结、关系密切，每个要素之间可以相互影响，导致要素之间的联系方式十分复杂，因此需要从不同方面对金融结构进行研究。贾玉革（2006）对于金融结构合理性的评价与衡量问题进行了分析，并研究了金融结构合理性的本质特征，根据分析结果研究出了一套包括金融产业结构、金融资产结构、融资结构、金融市场结构、金融开放结构在内的五个方面的理论，并根据金融结构的发展状况建立了一系列衡量指标，认为金融结构是一个整体的概念，对金融结构进行综合性的分析时，应当从宏观、中观、微观三个不同层次来进行。区域金融结构在宏观、中观和微观这三个层级上的表现存在多样化，微观结构指标应该是考察区域金融结构的主要指标，并且用中观结构指标和宏观结构指标来辅助微观结构指标进行分析。从目前的情况来看，区域金融结构扭曲现象仍然存在，主要体现为区域金融资源配置扭曲、区域金融工具种类单一、金融机构的资源过度集聚等。林毅夫、姜烨（2006）认为金融结构是金融体系中各种不同的金融制度安排所占比例和相对构成，可以对金融结构从不同的角度进行研究，关于是否有金融中介在金融活动中产生中介作用，可以对金融市场和金融中介的比例构成进行考察分析；根据金融交易期限的长短，可以将金融体系区分为资本市场与货币市场；根据政府金融监管部门是否对金融活动进行监管，可以将金融体系区分为正规金融与非正规金融。徐义国（2019）认为金融结构是由货币流通、金融机构、金融市场、金融工具和金融制度等多个因素混合而成的复杂系统。金融结构处于动态演进的状态，具体表现为不同国家拥有独具特色的金融结构，以及同一个国家的经济发展的不同时期有不同的金融结构。

综上，戈德史密斯提出的金融结构理论的时间较早，仅限于用金融机构和金融工具对金融结构进行定义，对金融结构研究的深度有待拓展，仅从金融机构和金融工具的数量和相互影响的角度来对金融结构的变化进行考察，而忽略了金融结构是否会受到经济发展的影响等问题，限制了其对经济发展与金融发展主题的进一步探索。但是戈德史密斯的研究拥有独特的衡量指标和分类模式，使其对金融结构的研究具有开创性。国内学者对金融结构的研究视角的差异性，使其对金融结构的定义各有不同。白钦先等从多个角度对金融结构进行了定义，对金融结构的定义较为全面；贾玉革从多个不同的层面对金融结构进行了分析，对于金融结构理论指标体系的研究非常全面；刘仁伍的研究不仅从金融机构、金融工具入手，还扩展到了金融市场乃至金融制度体系的层面；杜金珉从宏观、中观和微观三个不同层次分析了区域金融结构的表现形态，并分析了区域金融结构存在的问题。

（二）金融结构的内涵

在戈德史密斯的金融结构理论的基础上，学界对金融结构有了新的划分。艾伦和盖尔于 1999 年从相对规模和经营效率对商业银行和资本市场进行研究，将金融结构划分为以资本市场为主导的市场主导型金融体系（market-based financial systems）和以商业银行为主导的银行主导型金融体系（bank-based financial systems）。银行主导型金融体系在一定程度上可以减少信息不对称并降低交易成本。在不同的经济发展阶段，国家具有不同的要素禀赋结构，这在一定程度上使得实体经济的产业结构具有系统性差异，与此同时，不同的产业有着不同的经营风险特征、对融资活动的需求特征和经营规模特征。因此，服务于实体经济的金融特征会随着该国家或地区的经济发展阶段的变化而变化的。在经济发展的早期阶段，由于金融体制不健全、相关法律法规不完善，银行主导型金融结构相较于市场主导型金融结构有着更大的优势。例如，二战后日本和德国的经济飞速发展在很大程度上得益于其以银行为主导的金融结构；市场主导型金融结构会通过直接融资等渠道合理地配置资本，释放金融发展潜力，推动金融业务创新。例如，在市场主导型金融机构中虽然会出现因金融资产价格发生剧烈波动而引发的金融危机，但只要金融资产价格波动的影响不会大规模引起信贷的剧烈波动，那么资产价格波动风险就可以在金融市场上得到有效的化解，美国和英国被认为是市场主导型金融结构的代表。

国内学者中贾玉革（2006）在宏观、中观、微观三个层面对区域金融结构进行了细分。其中宏观金融结构包括金融行业结构、金融资产结构、金融市场结构和融资结构；中观金融结构包括金融产业结构中的区域结构市场份额结构、所有制结构、业务结构以及收入结构，还包括金融市场结构中的资本市场和货币市场的价格、主体和工具结构，以及融资结构中各不同部门的直接融资和间接融资的结构；微观金融结构包括投资者与筹资者、单个企业以及单个金融机构等。有学者通过上述视角对区域金融结构进行了宏观分析、中观分析与微观分析，然而在微观金融结构的分析上与贾玉革的观点存在差异。他们认为微观金融结构包括该区域内不同种类、不同规模的金融工具，区域内不同金融资产的价格和相同金融资产的不同价格。中观金融结构包括了区域内的金融市场及金融机构。宏观金融结构主要包括区域内的金融政策的目标以及区域内的金融制度等。

本研究在分析区域金融结构时借鉴了上述研究方法，在对区域金融结构进行比较分析时，将宏观、中观、微观三种不同层面的金融结构结合起来。为方便各个区域的金融结构之间的比较，提升研究的科学性，主张从区域金融机构结构、区域金融资产结构、区域金融市场结构以及区域融资结构四个方面对区域金融结构进行综合性研究。

四　货币政策区域效应研究的理论支撑之三：产业结构理论

产业结构理论的思想来源可以追溯到 17 世纪威廉·配第发现世界各国国民收入水平的差异和经济发展处于不同阶段的关键原因是产业结构的不同，其在《政治算术》一书中得出结论：商业收入最多，工业次之，农业最少，工业比农业、商业具有更高的附加值。弗朗斯瓦·魁奈、亚当·斯密等人的发现和研究也是产业结构理论的重要思想来源之一。20 世纪 30、40年代为现代产业结构理论萌芽时期，代表人物有费雪、克拉克、赤松要、里昂惕夫和库兹涅茨等人，之后的一二十年内现代产业结构理论快速发展，涌现了一批重要成果，如刘易斯的二元结构转变理论、赫希曼的不平衡增长理论、罗斯托的主导部门理论、筱原三代平的两基准理论等。

现在一般认为产业结构是国民经济中的部门结构，包括国民经济中各个产业部门的内部组成状况和不同产业部门间的相互联系。社会生产领域的产业结构是部门结构在一般分工以及特殊分工的基础上形成和发展而来的。在不同时点，由于制约和影响经济发展的各种因素存在，组成国民经济的产业结构中的各个部门及其相互之间的比例与联系也有一定的差异，对经济发展的贡献程度也不尽相同，因此产业结构成为经济研究中不可忽视的内容。关于产业结构问题的研究重点是探析生活资料、生产资料以及这两大种类间的一定关系，就部门而言，重点是分析包括轻工业、农业、建筑业、重工业以及商业服务业等在内的多个部门之间的相互关系，同时也要分析不同产业部门的内部组成关系。

常用的产业分类方法有资源密集度分类法、三次产业分类法、国际标准产业分类法，以及两大领域、两大部类分类法。在我国经济领域的研究中，通常用三次产业分类法来分析产业结构。所谓三次产业分类法，是指按照社会生产活动的具体历史发展的次序而划分不同的产业结构。第一产业指的是直接从自然界获取产品的部门，第二产业是对初级产品实施再加工的相关部门，第三产业指的是为消费和生产提供林林总总的服务的相关部门，它也是全球范围内普遍接受和采取的产业结构分类方法。具体而言，我国三次产业划分如下。

第一产业：农业（涵盖林业、种植、渔业以及牧业）。

第二产业：工业（涵盖制造业，采掘业，煤气、电力、水的供应和生产业），以及建筑业。

第三产业：除了第一产业以及第二产业之外的其他所有行业都被叫作第三产业。

按照我国的具体国情，可以将该产业划分为两个重要部分，一是流通部门，二是服务部门。具体又可分为四个层次，第一层次涵盖仓储、交通运输、批发、邮电通信、餐饮以及零售贸易业；第二层次包括为生活以及生产提供服务的相关部门，涵盖保险、金融、水利管理业、地质勘查业、社会服务业、房地产业，以及农林牧渔等方面的服务业、综合技术服务业以及交通运输辅助业等；第三层次包括为提高居民素质以及科技文化技能和水平服务的相关部门，涵盖文化艺术、教育、广电、体育、卫生、科学研究以及社会福利业等；第四层次是服务于社会公共需要的相关部门，涉及政党机关、国家机关、军队、社会团体等。

调整产业结构包括产业结构高级化以及合理化。产业结构高级化，也被称作产业结构优化升级，指的是产业结构系统从低级形式转化为高级形式的过程，通常情况下它遵循产业结构从低级到高级的渐进演变规律。产业结构合理化，指的是不同产业间彼此协调。产业结构具有较强的转换能力，可以较好地适应市场经济的变化和需求，且能够实现效益最大化，具体表现为不同产业间展示出的数量比例关系、技术经济彼此联系以及相互作用的关系，越来越趋于平衡、协调的过程。

第三章　区域产业结构差异引致
货币政策区域效应

——我国东部与西部地区对比研究

第一节　东部与西部地区的产业结构差异

纵观世界各国产业结构的历史变迁，一个显著特征是主导产业均按三次产业的顺序依次转移，即第一产业增加值所占份额不断减少，第二产业所占份额则首先是迅速增长，然后趋于稳定，第三产业所占份额呈现持续增长的态势，这就是所谓的"克拉克法则"。20 世纪 70 年代开始，发达国家的第一产业在国民生产总值中的占比和相应劳动力占比不断下降；第二产业在国民生产总值中的占比和相应劳动力占比在 20 世纪 60 年代以前呈现持续增长的趋势，但随后开始下降，传统工业下降幅度最大；第三产业逐渐成为各个国家经济的重心，其在国民生产总值中的占比和相应劳动力占比始终呈现上升趋势，尤其是 60 年代以后，第三产业占比甚至超过 60%，上升势头尤为强劲。三次产业结构的变化趋势表明，世界各国在工业化阶段，国民经济的主导部门始终是工业，发达国家在完成工业化之后逐步向后工业化过渡时，国民经济的主导部门逐渐转变为高技术和服务产业。我国三次产业结构的变化亦遵循此趋势，下文将我国东部地区和西部地区分别作为发达地区和欠发达地区的代表，介绍区域间产业结构的差异。

在本研究中，我国东部地区包括北京、天津、河北、辽宁、上海、江苏、浙江、福建、山东、广东、海南，共11个省份；西部地区包括四川、重庆、贵州、云南、西藏、陕西、甘肃、青海、宁夏、新疆、广西、内蒙古，共计12个省份。东部和西部地区的产业结构差异非常显著，20世纪90年代东部地区经济快速发展，产业结构持续优化，拉大了与西部地区之间的差距，近年来由于国家政策支持西部地区发展，东西部地区发展差距有所缩小。

一　第一产业发展存在的差异

从我国东部地区的地理条件来看，平原辽阔，耕地平坦，江河湖泊星罗棋布，很多省份都是农业大省，自古以来东部地区就是我国农业最发达的地区，自然条件较好，地理区位优越。改革开放以来，多项稳步促进农业发展的政策的实施，在很大程度上改变了东部地区传统的农业发展模式，重点采取的小城镇发展模式，使农业剩余劳动力逐步向城镇转移，为此应拓展农业生产经营方式，提升农业劳动生产率，使传统的农业发展模式转变为现代农业发展模式。小城镇的蓬勃发展，在一定程度上改变了东部地区乡镇企业布局，其逐步聚集到城镇，为此应实施规模经营、连片开发的策略，加快推进东部地区工业化进程。西部地区自古以来就以农业为主，但平原面积较小，大部分地区都是丘陵、山脉、高原，气候比较干旱，水资源相对缺乏，从事农业生产的客观条件欠佳，地理环境对农业发展造成了较大障碍，农业产业化水平不高，农业生产效率较低，难以和区域内其他产业形成相互依存和共同发展的良性互动关系，致使我国西部和东部地区在农业现代化发展方面的差距越来越大。如图3-1所示，东部地区第一产业增加值一直高于西部地区，并且两者差距在2014年之前呈现扩大态势，而后东部地区第一产业增加值增速趋缓，而西部地区第一产业增加值稳步上升，两者差距有所缩小。2000年东部地区和西部地区第一产业增加值占本地区生产总值的比重分别为11.45%和22.26%，2018年分别为4.75%和11.05%。

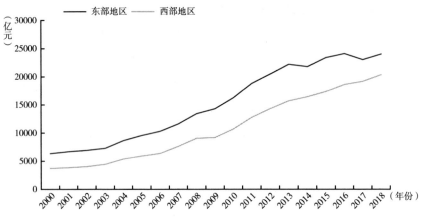

图 3-1　2000~2018 年东部和西部地区第一产业增加值情况

资料来源：2000~2018 年《中国统计年鉴》。

二　第二产业发展存在的差异

改革开放以来，东部地区第二产业蓬勃发展，为地区经济发展做出了重大贡献，城乡居民的消费水平稳步提升，东部地区也适时调整了第二产业内部发展结构，侧重于发展以长期消费目标为主导的重化工业，重工业产值在工业产值中的比例明显提升，重工业产值在所有工业部门中所占比重达到50%以上。西部地区地大物博，面积广袤，但经济增长速度缓慢，仍处于工业化初期阶段，工业化发展表现出强烈的"轻型化"特征，仅在一些资源开采类工业方面具有优势，如石油、煤炭等相关重工业部门和纺织、轻工及食品业等加工工业。如图 3-2 所示，2000 年以来，我国东部地区与西部地区第二产业增加值之间的差距越来越大，并且这一差距有持续扩大的趋势，在短时间内难以扭转。2000 年东部地区和西部地区第二产业增加值占本地区生产总值的比重分别为 49.16% 和 41.51%，2018 年分别为 40.78%和 40.50%。

三　第三产业发展存在的差异

在三次产业方面，东、西部地区第三产业之间的差距最大。中国加入了

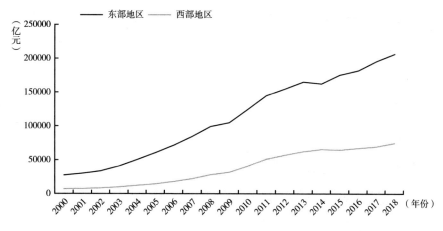

图3-2 2000~2018年东部和西部地区第二产业增加值情况

资料来源：2000~2018年《中国统计年鉴》。

WTO之后，经济发展同世界经济紧密接轨，东部地区率先发展对外贸易，第三产业迅猛发展。从城市功能的转变来看，上海、广州、北京等城市在金融、保险、信息咨询、房地产开发等方面的能力大大增强，而其作为生产中心，尤其是传统工业生产中心的地位明显下降，如上海第三产业在地区生产总值中所占比重从20世纪90年代初的30%左右上升到目前的70%以上，贸易业在第三产业中占主导地位。2000年东部地区第三产业增加值占国民生产总值的比重为39.39%，2018年达到54.47%。2000年西部大开发战略实施以来，西部地区第三产业快速发展，西部地区发展第三产业的资源潜力和空间逐渐发挥出来。1990年西部地区第一、第二、第三产业增加值占地区生产总值的比重分别为33.20%、35.00%、31.80%；2000年三次产业结构变化为22.26%、41.51%、36.23%，第一产业占比明显下降，同时第二、第三产业占比均有所上升，第二产业仍居主导地位；2018年三次产业结构变化为11.05%、40.50%、48.45%，第一产业占比继续大幅下降，第二产业占比微幅下降，而第三产业占比则大幅上升，并稳居主导地位。如图3-3所示，2000~2018年，西部地区第三产业增加值稳步上升，但是与东部地区之间的差距逐步扩大。

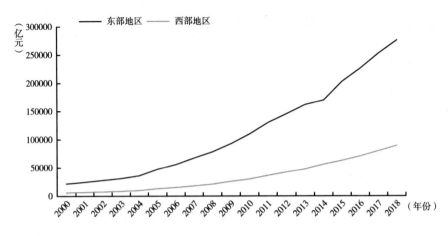

图3-3　2000~2018年东部和西部地区第三产业增加值情况

资料来源：2000~2018年《中国统计年鉴》。

四　区域产业结构差异的原因

西部地区产业结构调整相对滞后的原因是多方面的，不仅有自然条件、禀赋环境及发展基础等方面的原因，也有经济体制、思想观念及经济环境等方面的原因。

（一）客观环境与主观意识相互强化

我国东部地区地理位置、自然条件优越，与外界交流便捷，尤其是改革开放以来，东部地区能很迅速地开展对外贸易，因此，东部地区人们的市场经济意识和开放观念更强，敢于竞争，敢于创新，加之东部地区原有的各种优势，更易于打破传统的生产经营理念，不断寻找新的经济增长点，加快产业结构优化升级，促进经济快速增长。西部地区的地理位置和自然条件构成了先天性的地理文化屏障，与外界的交流存在障碍，无法充分享受对外开放的政策红利，同时，西部地区人们受传统的自给自足观念的影响较大，市场经济等开放观念比较薄弱，这些都极大地阻碍了西部地区的产业结构优化和经济增长。

（二）经济基础差异性

不同区域间的经济发展水平参差不齐，这是全世界的普遍性问题。有些地区在历史始终是经济发展的重点和热点，而另一些地区由于地理位置等原因，在历史上经济难以快速发展，最终形成经济基础的差异性。在对产业结构进行调整的过程中，经济基础是无法忽略的支撑力，若是经济基础薄弱，那么调整产业结构的脚步一定会受阻，若是经济基础足够强大，那么产业结构优化升级的难度便会大大降低。我国东部和西部地区之间长期存在较大的差距，新中国成立以来，虽然实施了西部大开发等政策举措，但是东部地区始终是我国经济发展较突出的区域，东部地区很多地方的发展进入了工业化后期，而西部地区很多地方的发展才刚刚进入工业化时期，甚至有些地区还处于工业化前期。

（三）政策因素

1978 年以来，我国实施了从沿海至内陆、沿边至内陆腹地、交通发达区域至交通不发达区域的递进型打造战略。在该战略的指导下，中国的经济政策重心开始偏向东部沿海经济区，从改革开放之初的深圳、珠海、汕头和厦门经济特区的设立到 20 世纪 90 年代上海浦东新区的开发，都是利用东部区域现有基础及优势资源，政策帮扶主要产业和部门的发展，推动东部经济和优势产业率先发展。而发展相对落后的西部地区也得到了国家政策的扶持但时间较晚，单就投资政策而言，在"九五"时期，东部地区全民所有制固定资产投资占全国总固定资产投资额的 40%，到"十五"时期，该比重达到 50%，而同期西部地区该比重不增反降，从 16% 减少至 12%。另外，1992~2002 年，东部基建投资占我国总基建投资的 40%，而西部基建投资所占比重却不到 20%。这类侧重于发展东部地区经济的政策，导致西部地区的产业投入无法满足自身发展需求，工业总体产值下降，部分新兴产业也受限于投入不足，同样产业结构调整也缺乏政策支持，直到 2000 年西部大开发战略实施，国家政策逐步向西部地区倾斜，东部、西部地区经济发展之间的差距才有所缩小。

（四）经济运行机制不同

改革开放以来，我国东部地区率先构建社会主义市场经济体制，调整所有制结构，非国有经济进步显著，并逐步成为新的经济增长点，东部地区的资源在很大程度上实现了市场配置,大大促进了经济效率的提升,同时东部地区的政府职能日渐转变,政府部门主要负责宏观调控,制定产业调整优化政策。而与此同时,我国西部地区依旧深受计划经济的影响,特别是在部分国有经济应该退出的领域和行业,其占比较高,这大大妨碍了非公有制经济在部分产业中的转型,对资源配置产生了不利影响,致使工业缺少发展动力,第三产业发展相对缓慢。

第二节　产业结构对于货币政策传导的影响机制

一　产业结构影响我国货币政策传导的关键环节

我国货币政策有货币供给量和信贷规模双重中介目标,相较于发达的市场经济国家而言,我国金融抑制在利率、汇率等各个层面都有所表现,而从货币政策传导机制来看,不同区域产业结构对于传导路径中的利率、信贷的影响最为关键。

（一）利率对产业结构的影响

利率对总需求的影响可部分通过对投资的影响来实现,进而影响社会总产出。利率是资金的获取成本,影响着企业获取资金的意愿与能力,进而从成本层面影响着投资规模,影响着产业的成长。在此环节中,利率的敏感特质在产业结构调整中发挥着积极作用。如在劳动力密集型产业中,企业因所需的主要生产要素——劳动力较多,而对获取资金方面未予以特别的关注,其对利率变动的敏感度较低。而在资本、技术密集型产业中,企业对金融市场中的资金获取极为关注,对利率的敏感度较高。即便货币政策是统一的,但因不同产业对利率的敏感度不同,其对各个产业产生的政策效应也有差异。另外,利率的变化会影响企业贷款时所使用的抵押品的价值,从而企业的整体资产负债表也会受到影响,企业外部融资的条件和成本也会随之变化,进而影响企业的经营和发展,对产业发展产生影响。

（二）信贷规模对产业结构的影响

我国现阶段的金融体系仍然是以间接融资为主，信贷能否获得和信贷成本是影响投资最重要的条件之一，从这个意义而言，在我国货币政策传导过程中，信贷规模发挥着重要作用。一般而言，信贷配给有以下两种不同的形式，一方面是银行主动进行的，另一方面是银行根据政策要求而实施的。目前我国这两种信贷配给形式都存在。在扩张的货币政策下，银行系统的可贷资金量增加，这将使银行贷款额度增加，在资本市场上难以获得资金的企业可以通过信贷渠道获得资金。在紧缩的货币政策下，金融系统紧缩银根，银行的可贷资金量减少，银行贷款的配给额度也会随之缩减，而那些依赖于银行信贷来扩大生产规模的企业也会受到不利影响。不同的产业对信贷的依赖度也不同，一般来说拥有较强实力的大型企业相较于中小企业更易获得银行信贷，从这个层面而言，货币政策对于中小企业的影响更大。

二　不同产业特点对于货币政策传导的作用

各个产业之间的联系和产业构成比例就是所谓的产业结构，每个产业的构成和联系都不同，对于经济增长的贡献也不同。统一的货币政策，有利于实现金融资本配置，协调区域经济增长，对构建持续发展的环境具有重要的作用。但一致性货币政策对欠发达地区有所约束，长期来看会导致东部和西部地区经济发展差距拉大，破坏经济均衡发展的基础。在同一地区中，实行统一的货币政策一定会产生不同程度的区域效应。而每个地方的产业结构会直接影响其投资规模，融资规模越大，则受货币政策的影响越大，受利率和信贷的影响也越大。第一产业多为重工业和资本密集型产业，如建筑和机械等，这类产业规模一向都很大，货币政策对其的影响也最大。而第三产业属于服务业，整体规模比较小，其获得银行融资相对较难，自然货币政策对其的影响也比较小。

综上所述，货币政策对不同产业的影响会有不同。生产耐用消费品和资本密集型产业在货币政策紧缩的情况下受到的影响相对较大，而第三产业对货币政策的敏感程度相对较低。目前世界各国中第一和第三产业的资本密集度较低，第二产业则较高，所以以第一和第三产业为主导的地区受到货币政策的影响较小，而以第二产业为主导的地区受到的影响则较大。

因此，应该以统一的货币政策为基本框架，结合不同产业的特点，实行差异性货币政策，合理利用结构性货币政策工具，完善货币政策传导机制。

第三节　区域产业结构差异影响货币政策区域效应的实证分析

一　模型设计和指标说明

1980 年 Sims 初步确定向量自回归模型（Vector Autoregressive Model），该模型采用多方程联立形式，在模型的每一个方程中，内生变量对模型的全部内生变量的滞后项进行回归，从而估计全部内生变量的动态关系，不同方程对应的随机误差项之间可能存在相关关系。含有 N 个变量滞后 k 期的 VAR 模型可表示如下：

$$Y_t = c + \Pi_1 Y_{t-1} + \Pi_2 Y_{t-2} + \cdots + \Pi_k Y_{t-k} + u_t \qquad u_t \sim IID(0, \Omega)$$

其中，$Y_t = (y_{1,t}, y_{2,t}, \cdots, y_{N,t})'$，$c = (c_1, c_2, \cdots, c_N)'$

$$\Pi_j = \begin{bmatrix} \pi_{11,j} & \pi_{12,j} & \cdots & \pi_{1N,j} \\ \pi_{21,j} & \pi_{22,j} & \cdots & \pi_{2N,j} \\ \vdots & \vdots & \ddots & \vdots \\ \pi_{N1,j} & \pi_{N2,j} & \cdots & \pi_{NN,j} \end{bmatrix} \quad j = 1,2,\cdots,k$$

$$u_t = (u_{1,t}, u_{2,t}, \cdots, u_{N,t})'$$

这里选取 GDP 增长率作为经济增长的代表变量，CPI 作为物价水平的代表变量，M2 增长率作为货币政策的代表变量，第一产业增加值与名义 GDP 的比率、第二产业增加值与名义 GDP 的比率和第三产业增加值与名义 GDP 的比率作为产业结构的代表变量。东部地区指标记为 east，西部地区指标记为 west。模型主要考察给货币政策一个冲击后，其对其他因素带来的影响，也从侧面反映不同地区经济情况、产业结构的货币政策效应。模型涉及

6 个指标分别是 M2 增长率、GDP 增长率、CPI、第一产业占比、第二产业占比、第三产业占比，具体标记为 M2（即 M2 增长率）、GDPE（东部地区 GDP 平均增长率）、CPIE（东部地区 CPI）、chanyeae（东部地区第一产业占比）、chanyebe（东部地区第二产业占比）、chanyece（东部地区第三产业占比）、GDPW（西部地区 GDP 平均增长率）、CPIW（西部地区 CPI）、chanyeaw（西部地区第一产业占比）、chanyebw（西部地区第二产业占比）、chanyecw（西部地区第三产业占比）。

二 实证分析

（一）东、西部地区各指标序列之间的 granger 因果检验

根据 AIC 准则选取滞后一阶做格兰杰因果检验，检验结果表明无论是东部地区还是西部地区，所有检验都拒绝原假设，即 M2 增长率均为东部地区和西部地区 GDP 增长率、CPI、第一产业占比、第二产业占比、第三产业占比的 granger 原因，说明货币政策至少能够在一定期间内影响以上经济变量。

表 3-1 东部和西部地区各指标序列 granger 因果检验结果

东部地区			西部地区		
原假设	F 值	P 值	原假设	F 值	P 值
ΔM2 不是 ΔGDPE 的格兰杰原因	8.5474	0.0095	ΔM2 不是 ΔGDPW 的格兰杰原因	6.0628	0.0248
ΔM2 不是 ΔCPIE 的格兰杰原因	4.3859	0.0515	ΔM2 不是 ΔCPIW 的格兰杰原因	3.3292	0.0857
ΔM2 不是 Δchanyeae 的格兰杰原因	0.2878	0.0986	ΔM2 不是 Δchanyeaw 的格兰杰原因	1.2808	0.0735
ΔM2 不是 Δchanyebe 的格兰杰原因	3.8034	0.0678	ΔM2 不是 Δchanyebw 的格兰杰原因	0.1777	0.0086
ΔM2 不是 Δchanyece 的格兰杰原因	1.6189	0.0204	ΔM2 不是 Δchanyecw 的格兰杰原因	2.5311	0.0301

（二）各指标序列的单位根检验

为建立 SVAR 模型，需要检验各指标序列的平稳性，检验结果如表 3-2、表 3-3 所示。

表 3-2　东部地区各指标序列的 ADF 检验

变量	检验形式（C,T,P）	ADF 值	P 值	检验结果
M2	（c,t,2）	−2.4860	0.3307	非平稳
GDPE	（c,t,4）	−1.3942	0.8268	非平稳
CPIE	（c,t,0）	−1.9011	0.6183	非平稳
chanyeae	（c,t,4）	−1.7749	0.6803	非平稳
chanyebe	（c,0,4）	−1.1845	0.6610	非平稳
chanyece	（c,t,2）	−0.3052	0.9086	非平稳
ΔM2	（c,t,2）	−4.8060	0.0055	平稳
ΔGDPE	（c,0,4）	−2.3886	0.0201	平稳
ΔCPIE	（c,t,0）	−5.0993	0.0031	平稳
Δchanyeae	（c,t,4）	−3.9413	0.0306	平稳
Δchanyebe	（c,0,4）	−3.2390	0.0325	平稳
Δchanyece	（c,t,2）	−3.9063	0.0315	平稳

注：①检验形式（C，T，P）中的 C、T、P 分别表示模型中的常数项、时间趋势项和滞后阶数；②Δ 表示差分值。

表 3-3　西部地区各指标序列的 ADF 检验

变量	检验形式（C,T,P）	ADF 值	P 值	平稳性结果
M2	（c,t,2）	−2.4860	0.3307	非平稳
GDPW	（c,0,4）	−1.7281	0.4028	非平稳
CPIW	（c,0,4）	−1.9228	0.3161	非平稳
chanyeaw	（c,t,4）	−2.8961	0.1831	非平稳
chanyebw	（c,0,4）	−1.4295	0.5483	非平稳
chanyecw	（c,0,4）	−1.6192	0.7501	非平稳
ΔM2	（c,t,2）	−4.8060	0.0055	平稳
ΔGDPW	（c,0,4）	−3.0201	0.0050	平稳
ΔCPIW	（c,0,4）	−4.6202	0.0018	平稳
Δchanyeaw	（c,t,4）	−6.4527	0.0002	平稳
Δchanyebw	（c,0,4）	−5.9856	0.0001	平稳
Δchanyecw	（c,t,4）	−3.5810	0.0085	平稳

注：①检验形式（C，T，P）中的 C、T、P 分别表示模型中的常数项、时间趋势项和滞后阶数；②Δ 表示差分值。

由表 3-2、表 3-3 可知，无论是东部地区还是西部地区，两个地区的原指标序列都为非平稳序列，经过一阶差分后，ΔM2、ΔCPIE、ΔGDPW、ΔCPIW、Δchanyeaw、Δchanyebw、Δchanyecw 在 1% 的显著性水平下通过了平稳性检验，ΔGDPE、Δchanyeae、Δchanyebe、Δchanyece 在 5% 的显著性水平下通过了平稳性检验，故所有指标序列一阶差分处理后均为平稳序列，可以建立差分平稳 SVAR 模型。

（三）两区域 VAR 模型的估计及其货币供给脉冲响应函数的比较

对东部地区和西部地区分别建立 VAR 模型，并综合考虑模型的 AIC、SC 信息准则，为保证模型的所有根模的倒数位于单位圆内，确定模型滞后阶数为 2 阶，建立稳定的 VAR 模型，使用 Choleski 分解，通过对模型求解结构因子，得到正交化的脉冲响应函数，可用来考察货币政策的冲击对其他经济变量的动态影响，模型中共有 6 个内生变量，需要增加 15 个约束才能使得模型满足可识别条件。

1. 东、西部地区 GDP 增长率对货币供给的脉冲响应对比分析

如图 3-4 所示，当给定 M2 增长率 1 个标准差的冲击滞后，东、西部地区当期 GDP 增长率均有正向响应，分别为 0.1944 和 0.2720，随后东、西部地区在第 2 期均达到响应的最大值，分别为 0.9529 和 0.4048，其后东部地区第 3 期迅速转化为负向响应 −0.04542，在第 5 期转化为正向响应后，第 6 期开始转化为负向响应，随后响应持续减弱趋于 0；西部地区在第 2 期达到响应最高值后，响应值逐步下降。

如图 3-5 所示，东、西部地区累积响应均持续为正向响应，其中东部地区在第 2 期达到响应最大值，西部地区在第 4 期达到响应最大值，东部地区累积响应较为稳定，基本稳定在 1.11 附近，西部地区累积响应较为波动，在第 8 期达到最低值后又持续上升，但总体响应值低于 1。

整体上 M2 增长率对东、西部地区 GDP 增长率的影响存在较大差异，当 M2 增长率提高时，东部地区 GDP 增长率在前两期保持正向增长，随后影响逐渐减弱，整体波动较小，而西部地区 GDP 增长率对货币冲击的波动较大。从累积脉冲响应图可知，东部地区累积脉冲曲线在西部地区累积脉冲

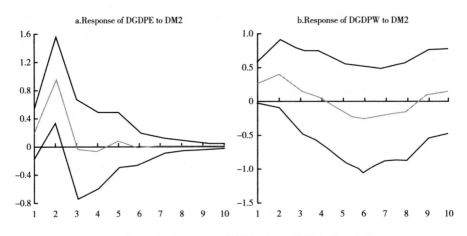

图3-4 东、西部地区 GDP 增长率对 M2 增长率的脉冲响应

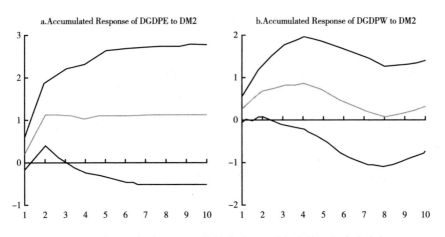

图3-5 东、西部地区 GDP 增长率对 M2 增长率的累积脉冲响应

曲线之上，说明货币供给对东部地区的累积效应明显大于西部地区，而累积效应在很大程度上反映了货币政策效应的持续性，说明货币政策对东部地区经济增长影响的持续性较强。

2. 东、西部地区 CPI 对货币供给的脉冲响应对比分析

当给定 M2 增长率 1 个标准差的冲击之后，东部地区 CPI 当期为负向响应 -0.4183，西部地区当期为正向响应 0.2161，随后东、西部地区在第 2 期

的响应值分别为 2.1594 和 0.5926。东部地区在达到响应最大值后，响应值
在第 3 期后快速下降，在第 4 期降到最低点－0.2528，随后出现小幅波动，
在第 8 期后接近于 0，而西部地区响应值呈现出非稳定性波动，在第 4 期后
开始转变为负向响应直至第 8 期，整体响应值均小于 1。

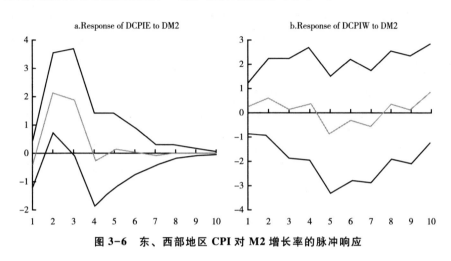

图 3-6 东、西部地区 CPI 对 M2 增长率的脉冲响应

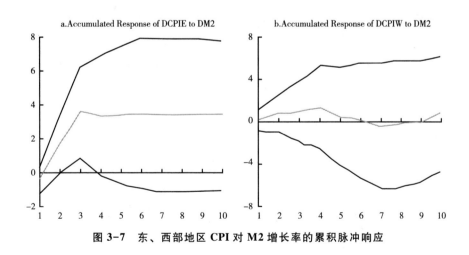

图 3-7 东、西部地区 CPI 对 M2 增长率的累积脉冲响应

从累积响应值上看，东部地区累积响应值在第 3 期达到最大值 3.5617，
随后几期均呈现稳定波动，基本处于 3.3 附近，而西部地区累积响应值在第

4 期达到 1.355 后，呈现下降的趋势，但总体累积响应值基本处于 $-1 \sim 1.4$。整体上看，M2 增长率对东、西部地区 CPI 影响存在差异。在东部地区，货币供给对居民消费价格指数基本呈正向影响，对西部地区居民消费价格指数影响较为波动且滞后期较长。当 M2 增长率提高时，与西部地区相比，东部地区近期 CPI 波动虽然变化较大，但是随后的变化幅度迅速收窄，即在面对正向货币冲击时，其居民消费价格水平保持了相对稳定性。而在累积效果上，M2 增长率对东部地区价格影响程度明显强于西部地区，说明货币供给对东部地区 CPI 的累积效应明显大于西部地区。

3. 东、西部地区产业结构对货币供给的脉冲响应对比分析

如图 3-8 所示，当给定 M2 增长率 1 个标准差的冲击之后，东部地区第一、第二产业占比当期均呈负向响应，分别为 -0.1330 和 -0.2438，第三产业占比当期为正响应值 0.2897。随后第一产业占比响应值保持上升趋势，在第 4 期时达到响应的最大值 0.0607，然后快速下降，自第 5 期起跌至为 0；第二产业占比响应值在第 2 期达到最大值 0.4026 后，呈下降趋势，在第 4 期达到最小值 -0.0982，随后小幅波动，第 7 期开始基本趋于 0；第三产业占比响应值在第 1 期达到最大值后，迅速下降，总体基本呈负向响应，在第 3 期响应值达到最小值 -0.3359，随后围绕 0 上下波动，在第 7 期后响应值基本趋于 0。如图 3-9 所示，东部地区第一产业占比的累积响应均为负向响应，且第 4 期后响应值基本稳定在 -0.13 附近，说明 M2 增长率提高时，将

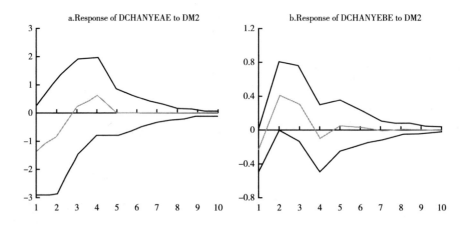

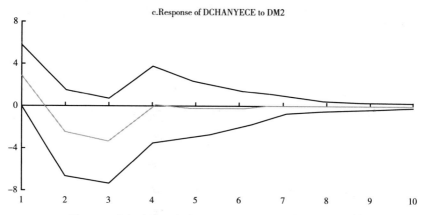

图 3-8 东部地区三次产业占比对 M2 增长率的脉冲响应

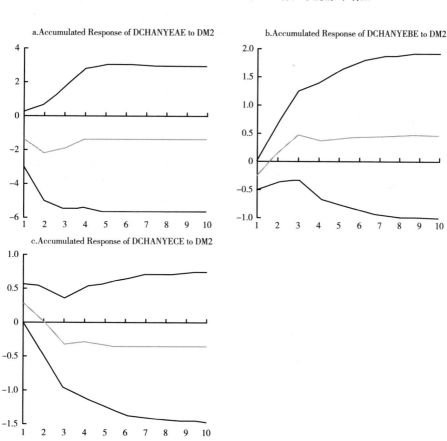

图 3-9 东部地区三次产业占比对 M2 增长率的累积脉冲响应

会促使第一产业占比持续下降；第二产业占比累积响应在第 2 期后均呈正向响应，响应值基本稳定在 0.45 附近；第三产业占比累积响应则在第 3 期开始呈负向响应，响应值基本稳定在 −0.33 附近。从累积效果上看，货币政策效应对于东部地区三次产业的发展而言均具有较强的持续性，其中货币供给对第二产业的发展累积冲击效应明显大于第一产业和第三产业，货币供给量增加对促进第二产业发展的效果更为显著。

如图 3-10 所示，当给定 M2 增长率 1 个标准差的冲击后，西部地区三次产业占比的当期响应值分别为 −1.6559、1.5169、0.0498，说明货币供给量的增加，会促使西部地区当期第一产业占比降低，第二、第三产业占比增

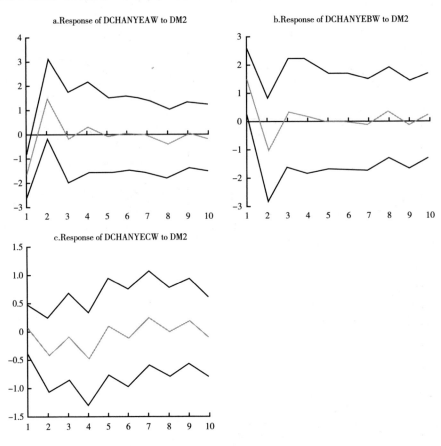

图 3-10　西部地区三次产业占比对 M2 增长率的脉冲响应

加。随后第 2 期第一产业占比从负向响应转变为正向响应，且达到最大响应值 1.5072，第 3 期开始围绕 0 小幅波动；第二产业占比响应值则在第 1 期后迅速下降，在第 2 期下降至最低值－1.0558，随后也围绕 0 上下波动，但总体上波动方向与第一产业方向相反；第三产业则从第 2 期至第 5 期呈现出负向响应，随后转化为正向响应并在第 7 期达到最大值 0.2398，货币供给的变化对第三产业发展的冲击波动较大。如图 3-11 所示，第一产业和第三产业累积效应方向相同，均为负向，说明货币政策效应对西部地区第一、第三产业的发展具有持续性的反向冲击，而第二产业各期累积效应均为正向，且在第 2 期达到最低响应值 0.4611 后，呈上升趋势，响应值并未有收窄的趋势，表明正向的货币冲击将会对西部地区第二产业发展带来持续的促进作用。

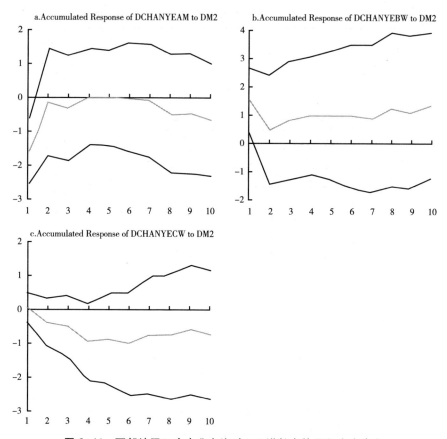

图 3-11　西部地区三次产业占比对 M2 增长率的累积脉冲响应

从以上分析得知，当给一个正向的货币冲击时，东部地区三次产业的冲击持续周期较西部地区更短，近期冲击强度也较弱，表明东部地区三次产业发展保持相对的稳定性，西部地区三次产业发展受货币政策的冲击效应影响较大，并且两大区域三次产业的响应方向存在显著差异。货币政策对东部地区第二产业发展累积影响程度最强，而对西部地区第二、第三产业累积冲击效果持平。

综合以上货币政策冲击对区域 GDP 增长率、CPI、产业结构的脉冲响应对比分析，为更清楚地表示货币政策对东、西部地区各变量的不同影响效果，本研究将主要的不同之处归纳如表 3-4 所示。

表 3-4　货币政策对东、西部地区各变量的影响效果对比

区域	指标	货币政策的近期效应（冲击强度）	货币政策的累积效应（持续性）
东部地区	GDP 增长率	较强	较强
	CPI	较强	较强
	第一产业占比	较弱	较弱
	第二产业占比	较弱	较弱
	第三产业占比	持平	较弱
西部地区	GDP 增长率	较弱	较弱
	CPI	较弱	较弱
	第一产业占比	较强	较强
	第二产业占比	较强	较强
	第三产业占比	持平	较强

三　小结

本章分析区域产业结构对货币政策传导的影响，研究结果表明我国东、西部地区货币政策实施效果确实存在差异。具体而言，货币冲击对东部地区经济增长和 CPI 影响的持续性均强于西部地区。货币供给对东部地区第二产业的累积冲击效应明显强于第一产业和第三产业，正向的货币冲击对东部地区和西部地区第二产业发展均带来持续的促进作用，对东部地区的促进作用更为显著。由于地区间的差异在短期内难以消除，货币政策的区域效应问题也难以在短期解决。我国货币政策的目标是稳定物价，并以此促进经济增长，这种带有相机抉择的政策意图，使宏观调控成为常态，故可以结合各地区的实际情况，实施差别化的货币政策，最大限度地增强货币政策的产业结构引导和促进作用。

不同区域具有不同的产业结构，面对统一的货币政策（货币供给冲击）时，各个区域的政策效果也不同，其深层原因一方面在于不同特征的产业对于货币资金的反应各异，如与劳动密集型产业相比，资本密集型产业对于资金、利率、汇率等金融变量的敏感性显然更大；另一方面，不同的产业是由不同的企业组成，各个企业微观主体的行为对于货币政策的反应也在一定程度上影响着货币政策效果。我们知道在货币政策传导到产业（企业）之前，还需要经过一个重要的金融环节（金融机构、金融市场），货币政策在不同区域的不同金融结构中的传导效果如何，这是下文要重点研究的内容。

第四章 区域金融影响区域经济发展

——基于货币政策区域效应的全域分析

第一节 八大区域经济、金融发展现状对比分析

要探讨区域金融结构如何影响该区域的货币政策传导进而影响区域经济发展的问题，就必须深入剖析区域金融结构，我们将在上一章研究的基础上，讨论区域金融结构在货币政策作用于经济增长的过程中究竟发挥了何种作用，同时将研究范围扩展到我国八大经济区（包括东北经济区、北部沿海经济区、东部沿海经济区、南部沿海经济区、黄河中游经济区、长江中游经济区、大西南经济区、大西北经济区），进而开展全域研究。

一 区域划分标准及选择依据

科学、合理地选择区域划分标准对分析我国区域金融、经济差异问题是非常重要的，选择区域划分的标准既要遵循区域经济发展的一般规律，又要方便区域发展问题的研究和区域政策的分析。以往学者在研究该问题时通常采用"七五"规划提出的划分形式，将我国大陆区域划分为东部、中部及西部三个部分。但是随着我国区域经济的发展，有学者指出该种划分法具有一定的局限性，其不仅割裂了区域经济之间的横向联系，而且忽略了我国各区域内部发展原本就存在的差异，因此需要进一步细分区域。也有学者在研究时选择了两个具有代表性的省份或是某一特定区域，但其研究结论在一定

程度上缺乏代表性。基于此，为了更好地体现我国区域金融、经济差异，使研究结果更具代表性和前瞻指引性，本研究依据国务院发展研究中心"十一五"规划报告中提出的八大经济区划分方式，遵循空间上相互毗邻、资源禀赋结构相近、经济发展水平接近等原则，将中国大陆区域划分为八大经济区，分别为东北经济区、北部沿海经济区、东部沿海经济区、南部沿海经济区、黄河中游经济区、长江中游经济区、大西南经济区、大西北经济区，如表4-1所示。

表4-1 八大经济区下的省、自治区和直辖市

八大经济区	所辖区域
东北经济区	辽宁、吉林、黑龙江
北部沿海经济区	北京、天津、河北、山东
东部沿海经济区	上海、江苏、浙江
南部沿海经济区	福建、广东、海南
黄河中游经济区	陕西、山西、河南、内蒙古
长江中游经济区	安徽、江西、湖北、湖南
大西南经济区	云南、贵州、四川、重庆、广西
大西北经济区	甘肃、青海、宁夏、西藏、新疆

二 我国区域经济发展的历史演变

中国的区域经济发展历来就不平衡。在秦汉时期，我国经济发展中心位于长安—洛阳—开封一带，关中和山东是当时全国的经济重心，从整体来看，黄河中下游地区的经济发展水平领先于其他地区。在隋唐之交，南方的经济发展迅速，逐渐超过了北方，成为经济中心，但由于当时的政治、文化中心仍然处于开封—洛阳轴线一带，呈现出政治中心和经济中心相分离的局面。到了北宋以后，文化中心逐渐南移至江南，淮河成为南北文化的分界线，经济重心位于长江中下游和南北运河交叉的十字轴线一带，并且逐步拓展到东南沿海地区。直至近代，外国资本主义入侵，我国的自然经济遭受到

极大的冲击，开始进入半殖民地半封建社会。在地区生产力发达程度上，东南沿海地区超过了其他地区，在东南沿海地区最早出现了近代化的工业、商业、交通运输业及金融业，成为我国现代化的发源地。

新中国成立以来，在毛泽东、邓小平等领导人的带领下，我国区域经济发展取得了巨大的成果。回顾区域经济发展历程，我国区域经济经历了改革开放前（1949~1978 年）生产力均匀分配的区域均衡发展，以及改革开放后 1979~1990 年区域非均衡发展、1990 年初期至 2000 年区域非均衡协调发展、21 世纪初（2000 年初期至 2010 年初期）区域统筹协调发展、新时期（2010 年初期至今）区域总体发展五个阶段。这五个阶段既一脉相承又有各自的特点及重心，符合各个阶段的经济形势及社会发展要求，为我国区域经济的发展积累了宝贵的经验。回顾我国区域经济发展历程，对于新形势下促进区域经济协调发展具有重要意义。

新中国成立初期，面对国内生产力分配严重不均的现象以及西方国家在军事、经济上的包围，毛泽东根据当时的经济形势，实行计划经济使生产力在全国均匀分配，实施非均衡发展战略，运用行政性方式对资源和要素进行空间配置，对内陆地区进行重点投资和建设，以期缩小沿海地区与内陆地区之间的差距，促进地区平衡发展。这一系列战略措施的实施在一定程度上确实促进了内陆地区的发展，同时也为中西部地区的工业化奠定了基础，但由于计划经济的弊端，难以发挥各区域的效益以及实现区域间平衡发展，我国区域经济整体发展缓慢。改革开放初期，国内经济形势发生了重大改变，由于当时以"和平与发展"为主题，我国与周边国家的关系改善，面对我国经济发展迟缓的状态，邓小平等国家领导人在总结以往经验的基础上，提出了以追求经济快速发展为目标的区域非均衡发展战略，遵循梯度发展原则，进行有重点的梯次不平衡调整，即优先发展东部沿海经济区，待其发展起来后东部沿海地区又反过来支持中西部地区的发展，从而有序地实现我国各区域的共同发展。这一时期，我国陆续设立了 5 个经济特区、14 个沿海开放城市等，对外开放格局初步形成。区域非均衡战略的实施使我国各区域经济快速发展，特别是东部地区，从而带动了我国经济的整体发展。但同时也进一步扩大了东西部地区的经济差距，使得区域内产业结构趋同和区域间贸易摩擦严重。为改变这一现象，20世纪90年代初期，国家领导人提出了以缩小区域经济发展差距、实现共同富裕为目的的非均衡协调发展战略。"八五"计划及"九五"计划都明确指出要把协调发展作为区域经济发展的基本原则。这一时期，我国在继续发展东部地区经济的同时，将工作重心向西部转移，先后开放了一批内陆沿海城市，并提出了西部大开发战略，即增强西部的自我发展能力和内生动力，以协调互动来促进共同发展，以共同发展来缩小发展中的区域间差距。由于东西部地区差距过大，这一战略的效果并不是很明显，东西部地区差距仍然较大。2000年以后，我国区域间差距出现进一步扩大的趋势，阻碍了我国经济的整体发展。2002年党的十六大指出，在坚持西部大开发推进区域经济协调发展的同时，要积极调整和改造东北老工业基地。其后，党的十六届三中全会提出了统筹发展战略，指出要以科学发展观来统筹区域发展，充分发挥各区域的优势，促进区域经济协调发展。2007年，党的十七大报告再次指出要以科学发展观及五个统筹作为统筹区域协调发展战略的指导原则，国家在做战略布局时不仅要考虑中西部地区的发展、东北老革命区的改建，还要鼓励东部地区帮助中西部地区共同发展。其间，我国提出了继续推进西部大开发、实施东北振兴、中部崛起、东部率先发展等战略。区域统筹协调发展战略，是对区域非均衡协调发展战略的深化，符合当时时代的特征，有利于我国中西部地区经济快速发展，生产要素在区域间双向流动，最终实现东中西部经济的互动和融合，在一定程度上扭转了区域间差距进一步扩大的趋势。2010年以来，随着我国经济由高速增长转为中高速增长，产业结构不断优化，城乡收入差距不断缩小等，我国区域经济发展步入新常态。为适应经济新常态，进一步促进区域协调发展，习近平同志从全局的角度，指出要继续深入贯彻区域发展总体战略，同时提出了"一带一路"倡议、京津冀协同发展战略和长江经济带发展战略，并以此为指引，创建了以沿海沿江沿线经济带为主的纵向横向经济轴带，形成了国内联动互济的区域经济协调发展格局，增强了各区域的内生发展动力。党的十九大报告明确指出要坚定不移地实施区域协调发展战略，"强化举措推进西部大开发形成新格局，深化改革加快东北等老工业基地振兴，发挥优势推动中部地区崛起，创新引领率先实现东部地区优化发展，建立更加有效的区域协调发展新机制"。党的十九大报告还指出要"创新和完善宏观调控，发挥国家发展规划的战略导向作用，健全财政、货币、产业、区域等经济政策协调机制"。新常态下的区域发展总体战略，改变了我国区域的经济格局，加快了区域的一体化进程，使各经济区的优势得到发挥，多元化竞争格局的出现在某种程度上促进了我国区域经济的发展。

总的来说，新中国成立以来，在国家领导人的带领下，我国区域经济发展取得了突破性的进展。但早期的非均衡发展使得我国区域经济之间依然存在较大差距。尽管近年来我国陆续出台了相关政策，旨在缩小区域间差距、促进经济协调发展，但效果并不是很理想，促进区域经济协调发展仍然是我国当前及之后很长一段时间的工作重心。区域经济发展的历史经验也表明，要因地制宜，制定符合区域经济发展特征的、差异化的政策，就可以有效地缓解区域间发展差距过大的问题，促进区域经济协调发展。

三 我国八大区域经济发展现状

（一）区域经济总量

改革开放以来，我国各区域经济快速发展，从整体上看各地区生产总值呈增加态势，如图 4-1 所示，但地区生产总值增长率却呈现出下降的趋势，如图 4-2 所示，这是我国经济由高速增长转为中高速增长、由追求数量转为追求质量和效率的必然结果。

其中，东部和北部沿海经济区的生产总值较高，分别位居第一和第二，2007 年地区生产总值分别仅为 57266.22 亿元和 54483.80 亿元，2018 年地区生产总值分别高达 181472.42 亿元和 161609.56 亿元，分别占国内生产总值的 19.84% 和 17.67%（见图 4-3），剔除价格因素的影响，2018 年地区生产总值分别是 2007 年的 2.48 倍和 2.31 倍，年均增长速度分别为 7.60% 和 6.95%（见图 4-4）。南部沿海经济区生产总值由 2007 年的 42279.71 亿元

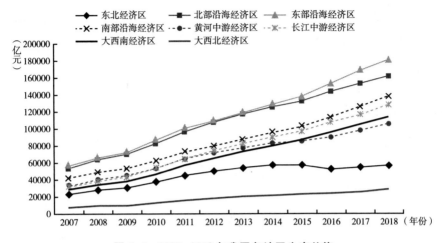

图 4-1 2007~2018 年我国各地区生产总值

资料来源：各省、自治区、直辖市（除港澳台地区）历年的统计年鉴。

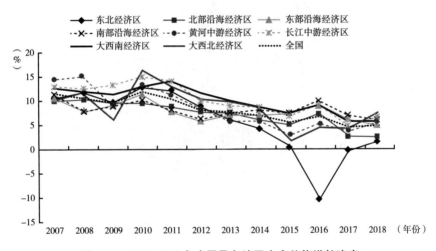

图 4-2 2007~2018 年全国及各地区生产总值增长速度

资料来源：各省、自治区、直辖市（除港澳台地区）历年的统计年鉴。

上升到 2018 年的 137913.86 亿元，占国内生产总值的 15.08%（见图 4-3）。长江中游经济区、大西南经济区、黄河中游经济区之间的生产总值差距较小，2018 年分别为 127783.93 亿元、114081.40 亿元、106601.51 亿元，分别占国内生产总值的 13.97%、12.47% 和 11.65%，且 2012 年以前黄河中游和长江中游经济区的生产总值基本一致，均高于大西南经济区，但在 2012 年后，黄河中游经济区经济增长缓慢，与长江中游经济区逐渐产生差距，并在 2015 年被大西南经济区赶超。东北经济区生产总值在 2014 年以后增长较为缓慢，甚至在 2016 年出现负增长，2018 年生产总值为 56751.59 亿元，占国内生产总值的 6.20%，年平均增长速度最低，仅为 4.94%。大西北经济区生产总值及其占全国生产总值的比例最低，2018 年生产总值仅为 28493.19 亿元，占国内生产总值的 3.12%，但其年平均增长率较高，仅次于长江中游和大西南经济区，为 8.41%。

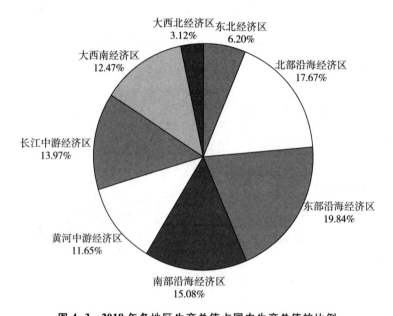

图 4-3　2018 年各地区生产总值占国内生产总值的比例

资料来源：各省、自治区、直辖市（除港澳台地区）历年的统计年鉴。

（二）产业结构分析

随着社会经济的发展，人们生活水平不断提高，我国各区域的产业结构也发生了相应的变化。总体来说，我国各区域产业结构不断优化，第三产业所占比重不断增加，产业占比基本形成第三产业>第二产业>第一产业的新格局（见图 4-5）。到 2018 年末，除东部沿海经济区、北部沿海经济区、东

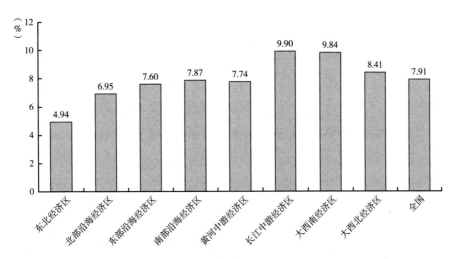

图 4-4　2007~2018 年全国及各地区生产总值年平均增长速度

资料来源：各省、自治区、直辖市（除港澳台地区）历年的统计年鉴。

北经济区和南部沿海经济区外，其他地区第三产业占比均低于全国平均水平。

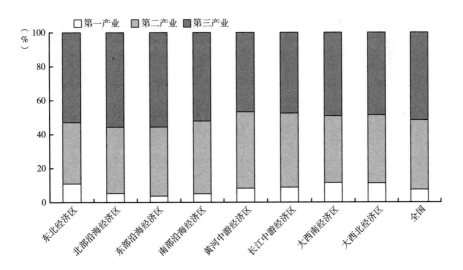

图 4-5　2018 年全国及各地区三次产业占比

资料来源：各省、自治区、直辖市（除港澳台地区）历年的统计年鉴。

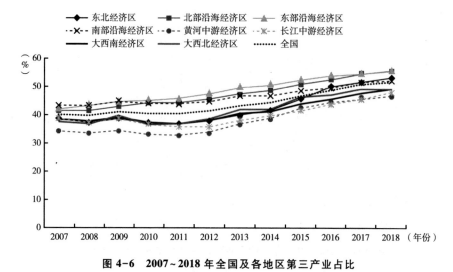

图 4-6　2007~2018 年全国及各地区第三产业占比

资料来源：各省、自治区、直辖市（除港澳台地区）历年的统计年鉴。

2018 年北部沿海经济区第三产业占比最高，产业结构由 2007 年的 8.31：50.02：41.68 变化为 2018 年的 5.31：38.95：55.75（见表4-2）；2018 年东部沿海经济区产业结构和北部沿海经济区基本一致，但 2010~2016 年其第三产业占比要高于北部沿海经济区；东北经济区和南部沿海经济区第三产业占比在 2018 年较为接近，分别为 53.02% 和 51.97%，但东北经济区第一产业占比要高于南部沿海经济区，值得注意的是东北经济区在 2016 年以前第三产业占比远低于北部、东部和南部沿海经济区，其中 2011 年最低，而后快速增加；2018 年大西北和大西南经济区的产业结构和第三产业占比基本一致，说明两个地区经济结构类似；2018 年长江中游经济区三次产业占比为 8.72%、43.54% 和 47.74%，第一产业占比下降较快，由 2007 年的 16.00% 下降到 2018 年的 8.72%，第二产业占比基本保持不变；虽然近年来黄河中游经济区第三产业占比逐年增加，但仍相对于其他区域较低，且第二产业占比和第三产业占比几乎持平。

表 4-2　全国及各区域的三次产业占比

地区	2007 年	2018 年
东北经济区	12.03：49.74：38.23	10.92：36.06：53.02
北部沿海经济区	8.31：50.02：41.68	5.31：38.95：55.75
东部沿海经济区	5.07：52.73：42.20	3.42：41.05：55.53
南部沿海经济区	7.23：49.30：43.46	5.23：42.80：51.97
黄河中游经济区	11.69：53.94：34.37	8.08：45.11：46.81
长江中游经济区	16.00：45.30：38.69	8.72：43.54：47.74
大西南经济区	17.55：43.89：38.56	11.82：38.95：49.23
大西北经济区	15.12：47.07：37.82	11.55：39.46：48.99
全国	10.23：49.65：40.12	7.08：41.14：51.78

资料来源：各省、自治区、直辖市（除港澳台地区）历年的统计年鉴。

四　我国八大区域金融发展现状

近年来，随着改革开放的不断深入，我国金融业快速发展。在全国金融体系不断完善的同时，各区域的金融业也得到了相应的发展，呈现出多样化特征。为了更好地分析我国八大区域的金融业发展状况，为下文的实证研究做铺垫，本研究将从以下两个方面介绍我国区域金融业发展状况：一是区域金融总体发展状况，即金融化程度；二是区域金融各行业发展现状。

（一）我国区域金融总体发展状况

在分析区域金融整体发展状况时，国内外学者普遍采用戈德史密斯提出的金融相关比率作为衡量指标，其表示为全部金融资产与国民生产总值之比。由于我国股票、证券市场起步晚等，学者们一般都用金融机构存贷款余额表示金融资产。然而随着改革开放的深入，我国金融业快速发展，用金融机构存贷款余额表示金融资产的方法缺乏代表性，因此，本研究在继续沿用这一指标的同时，对金融资产的范围进行适当扩充，将金融相关比率定义为区域内全部金融机构存贷款余额和股票市值之和与地区生产总值之比，用这一指标反映我国区域金融总体发展现状及变化趋势，其值越大，说明该区域金融发展水平越高，金融越发达。

图 4-7 展示了 2007~2018 年我国八大综合经济区金融相关比率的变化情况，从总体上看，由于我国北部沿海经济区、东部沿海经济区和南部沿海经济区最早对外开放，经济资源雄厚，北部沿海经济区的金融发展水平最高，金融相关比率为 4~7；东部沿海经济区和南部沿海经济区的金融相关比率较为接近，分别为 2.8~4.4 和 2.6~4.3；大西北经济区紧跟其后，受益于国家政策的支持，随着西部大开发战略的实施，大量金融资源流入大西北及大西南经济区，大西北经济区金融迅速发展，金融相关比率为 2.6~4.8，并在 2010 年超过南部沿海经济区、2012 年超过东部沿海经济区后，保持着较快的增长势头；大西南经济区紧随大西北经济区之后，金融相关比率为 2.5~3.6；东北经济区金融相关比率为 2.2~4.5，随着我国东北振兴战略的实施，2015 年以来东北经济区金融发展水平显著提高并赶超大西南经济区；黄河中游和长江中游经济区的金融相关比率均为 1.9~3.0，金融发展水平相近，相较于其他地区不高。

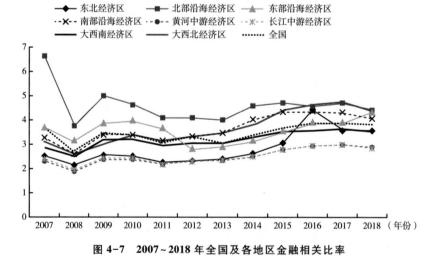

图 4-7　2007~2018 年全国及各地区金融相关比率

资料来源：各省、自治区、直辖市（除港澳台地区）历年的统计年鉴、《中国区域金融运行报告》及《中国金融年鉴》。

从发展趋势来看，八大经济区总体发展趋势基本一致。2008 年以来受国际金融危机的影响，八大区域的金融相关比率出现明显下跌，北部沿海经济区的跌幅最大。面对复杂的经济形势，2009 年各地区为尽量消除国际金融危机带来的消极影响，认真贯彻落实我国制定的财政政策和适度宽松的货币政策，金融相关比率逐渐上升。2012 年，随着我国进一步贯彻落实"西部开发、东北振兴、中部崛起、东部率先"的发展战略，各地区的金融相关比率均有所上升，其中大西北经济区和东北经济区该指标上升幅度较为明显，其与北部沿海经济区之间的差距逐年缩小，大西北经济区该指标在 2012 年后一直保持着平稳上升的态势，并在 2016 年超过北部沿海经济区。

（二）我国区域金融各行业发展现状

我国金融业主要包括银行业、证券业、保险业三个细分行业，因此本部分将从银行、证券、保险三个角度探讨我国区域金融各行业发展现状。

1. 银行业发展现状

银行作为企业融资的重要渠道，在我国金融体系中扮演着重要的角色，对于促进区域经济发展具有重要作用。改革开放以来，随着对外开放进程的不断加快，我国各区域的金融业均获得了一定程度的发展，银行业规模不断扩大，金融机构的存贷款总量大幅增加。

如图 4-8 和图 4-9 所示，从总体来看，2007 年和 2018 年，我国各区域金融机构的存贷款余额均有所增加。东部沿海经济区是我国最早对外开放的地区，金融业最为发达，截至 2018 年，金融机构存款余额高达 381852.4 亿元，是 2007 年的 4.3 倍，2007 年和 2018 年均居全国首位。金融机构贷款余额 2007 年为 66225.12 亿元，截至 2018 年底，已达 296855.2 亿元，是 2007 年的 4.48 倍，年均增长率约为 14.61%。紧接着的是北部沿海经济区，截至 2018 年底，金融机构存贷款余额分别为 350733.3 亿元和 230494.4 亿元，较 2007 年分别增长了 3.24 倍和 3.35 倍。之后是南部沿海经济区，金融机构存款余额 2007 年为 60436.16 亿元，截至 2018 年增长到 263474.6 亿元，是 2007 年的 4.36 倍。截至 2018 年大西南经济区的金融机构存款余额为 201351.4 亿元，是 2007 年的 5.36 倍，贷款余额为 167624.1 亿元，是 2007 年的 6.04 倍。长江中游经济区金融机构存款余额 2007 年为 34801.92 亿元，2018 年增长到 191560.9 亿元，增长了 4.5 倍；金融机构贷款余额 2018 年为

152186 亿元，是 2007 年的 6.3 倍。黄河中游经济区金融机构存贷款余额
2007 年分别为 36350.59 亿元和 24130.71 亿元，2018 年分别增长了 3.53 倍
和 4.27 倍。东北经济区截至 2018 年末，金融机构存款余额为 106558.9 亿
元，是 2007 年的 3.71 倍，贷款余额为 84304.3 亿元，是 2007 年的 4.33
倍。大西北经济区的存贷款余额相对于其他地区而言最低，截至 2018 年末，
金融机构存款余额为 57819.97 亿元，是 2007 年的 5.05 倍，金融机构贷款
余额为 56375.09 亿元，较 2007 年增长了 7.5 倍。

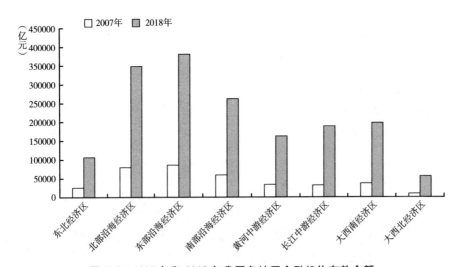

图 4-8 2007 年和 2018 年我国各地区金融机构存款余额

资料来源：各省、自治区、直辖市（除港澳台地区）历年的统计年鉴及《中国金融
年鉴》。

存款收入比率通常用来衡量银行吸收社会资金的能力，反映地区国民收
入中形成储蓄且为企业提供资金的能力，用金融机构存款余额与 GDP 的比
值来表示，值越大，说明该区域金融发展水平越高。如图 4-10 所示，截至
2018 年末，我国八大区域的存款收入比率存在差异。其中，北部沿海经济
区的存款收入比率最高，为 2.17，表明该地区聚集资金的能力明显强于其
他区域；其次是东部沿海和大西北经济区，两者存款收入比率比较接近，分
别为 2.10 和 2.03；南部沿海经济区及东北经济区存款收入比率分别为 1.91

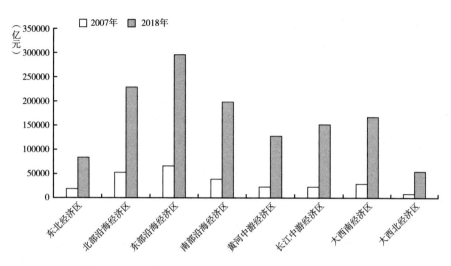

图 4-9 2007 年和 2018 年我国各地区金融机构贷款余额

资料来源：各省、自治区、直辖市（除港澳台地区）历年的统计年鉴、《中国金融年鉴》。

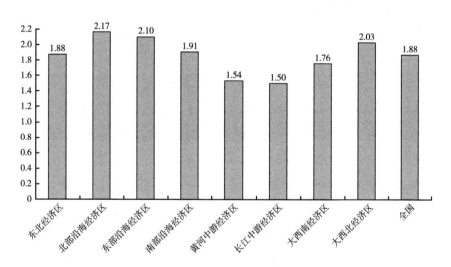

图 4-10 2018 年全国及各地区存款收入比率

资料来源：各省、自治区、直辖市（除港澳台地区）历年的统计年鉴及《中国金融年鉴》。

和 1.88；大西南经济区存款收入比率为 1.76；黄河中游和长江中游经济区存款收入比率较低，分别为 1.54 和 1.50，与北部沿海经济区之间的差距较大。整体来看,我国平均的存款收入比率为 1.88,八个区域中,大西南、黄河中游及长江中游经济区的储蓄能力低于全国平均水平,其中长江中游经济区的储蓄能力最弱。

2. 证券业发展现状

证券业在我国金融业中发挥着重要的作用,企业通过在证券市场上公开发行股票直接筹集所需资金进行扩大再生产,从而促进区域经济发展。本部分将从平均上市公司数量、股票市值占全国上市公司总市值的比重及证券化率三个方面来分析我国各区域证券业发展状况。

上市公司数量在一定程度上能反映我国各区域证券业规模,但由于各区域所包含省份不同,直接对比缺乏合理性,因此本研究用区域平均上市公司数量进行比较分析,用区域内上市公司总数与该区域所包含省份数的比值表示,该值越大,表示区域内上市公司数量越多,证券业发展水平越高,企业越容易从资本市场筹集到所需资金。

截至 2018 年末,我国八大区域中每个省份的平均上市公司数量存在较大差异。全国平均上市公司数量为 115.61 家,长江中游、大西南、东北、黄河中游、大西北经济区平均上市公司数量远低于全国平均水平。其中,东部沿海经济区平均上市公司数量远高于其他区域,高达 373.33 家,上市公司数量占全国上市公司总量的比重为 31.25%;其次是南部沿海经济区的250.67 家和北部沿海经济区的 154.57 家;之后是长江中游经济区的 87.75家;大西南、东北和黄河中游经济区平均上市公司数量较为接近,分别为53.8 家、50.33 家和 48 家;大西北经济区平均上市公司数量最少,仅有 26家上市公司,具体如图 4-11 所示。

从股票市值来看,截至 2018 年末,北部沿海经济区的股票市值高达140502.51 亿元,远超其他地区,占全国上市公司总市值的 31.93%;东部和南部沿海经济区紧跟其后,股票市值分别为 110198.1 亿元和 92551.9 亿元;大西南、长江中游和黄河中游经济区的股票市值接近;东北和大西北经济区股票市值较低,其中大西北经济区最低,仅为 9807.99 亿元,占全国上市公司总市值的 2.23%,具体如图 4-12 所示。

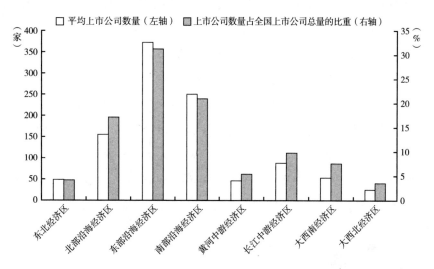

图4-11 2018年各地区平均上市公司数量及其占全国上市公司总量的比重

资料来源：各省、自治区、直辖市（除港澳台地区）历年的《中国区域金融运行报告》及《中国金融年鉴》。

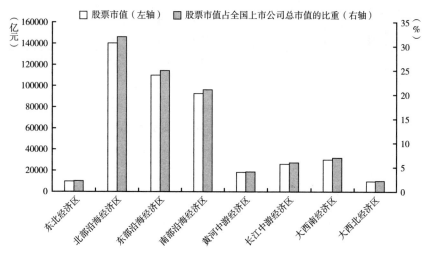

图4-12 2018年各地区股票市值及其占全国上市公司总市值的比重

资料来源：历年《中国区域金融运行报告》及《中国金融年鉴》。

这里采用证券化率衡量一个区域证券业的发展程度及资本市场状况，是一个国家各种证券总市值与国民收入的比值，由于各区域没有完整的债券统计数据，本研究用股票总市值与 GDP 的比值来表示证券化率，该值越大，表示证券业对该地区经济发展而言越重要，证券市场越发达。

如图 4-13 所示，截至 2018 年末，我国各区域证券业发展水平存在巨大的差异，北部沿海经济区的证券化率最高，为 0.87，表明该区域通过股票市场筹集资金的能力最强，证券业对经济发展的影响最大；南部沿海和东部沿海经济区证券化率较为接近，分别为 0.67 和 0.61；其他区域的证券化率均低于全国平均水平，黄河中游经济区的证券化率最低，只有 0.18。

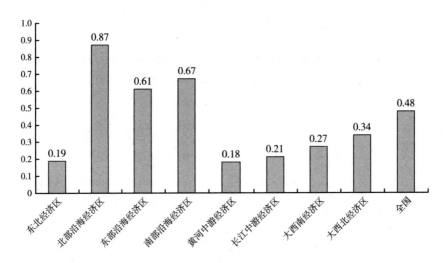

图 4-13　2018 年全国及各地区证券化率

资料来源：历年《中国区域金融运行报告》及《中国金融年鉴》。

3. 保险业发展现状

改革开放以来，随着我国经济的快速发展，人们生活水平提高的同时风险及保险意识也逐渐增强，各区域保险业快速发展。本部分将从保险业的保费规模、保险密度及保险深度等方面来分析我国各区域金融发展状况。

保费收入在一定程度上能反映区域保险业规模，由图 4-14 可知，总体来看，近年来我国各区域的保费规模扩大，保费收入增加。其中北部沿海和东部沿海经济区的保费收入较高，2018 年分别为 7103.68 亿元和 6996.28 亿元，较 2007 年分别增长了 4.1 倍和 3.9 倍，分别占全国保险类保费收入的 18.72% 和 18.44%；南部沿海、长江中游和黄河中游经济区保费收入较为接近，2007 年分别为 829.34 亿元、752.17 亿元和 710.9 亿元，2018 年分别增长到 5928.39 亿元、4716.8 亿元和 4689.7 亿元；2018 年，东北经济区的保费收入为 2717.2 亿元，是 2007 年的 5.5 倍，尽管保费收入逐年增加，但其与东部沿海经济区等的差距扩大；大西北经济区的保费收入最低，2018 年仅为 1280.2 亿元，占全国保险类保费收入的 3.37%。

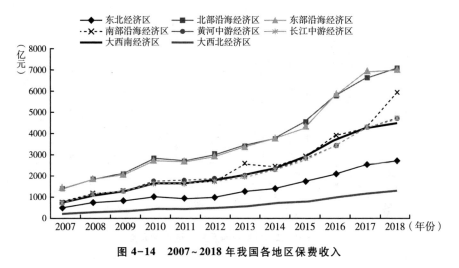

图 4-14　2007～2018 年我国各地区保费收入

资料来源：各省、自治区、直辖市（除港澳台地区）历年的统计年鉴及《中国金融年鉴》。

国内外学者在分析保险业发展水平时，通常选用保险密度和保险深度作为衡量指标。保险密度即某个区域每个人的保费收入，用区域保费收入与人口总数的比值表示，值越大，说明该区域居民的保险参与度越高，保险业越发达。保险深度是区域保费收入在该区域生产总值中所占的比重，值越大，说明保险业在该区域的经济发展中的地位越重要，保险业发展水平越高。

如图 4-15 所示，2018 年，我国八大经济区保险密度存在较大差异，在一定程度上说明我国各区域保险业发展水平的差异较大。从总体来看，东部沿海、北部沿海和南部沿海经济区的保险密度均高于全国平均水平，而其他地区均低于全国平均水平。其中东部沿海经济区的保险密度最高，为4315.49元/人，南部沿海经济区和北部沿海经济区紧随其后，保险密度分别为3654.76元/人和3332.40元/人；东北和黄河中游经济区保险密度较为接近，分别为2507.57元/人和2391.77元/人；长江中游、大西南、大西北经济区保险密度接近，均在2000元/人以下，其中大西南经济区的保险密度最低，为1817.52元/人。

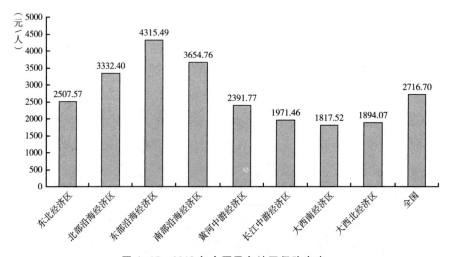

图4-15　2018年全国及各地区保险密度

资料来源：各省、自治区、直辖市（除港澳台地区）历年的统计年鉴及《中国金融年鉴》。

如图4-16所示，总体来看，2018年，我国八大区域保险深度的差异较小，这表明保险业在各区域经济发展中的作用相近，除了东部沿海、长江中游和大西南经济区的保险密度低于全国平均水平外，其他地区均在全国平均水平之上。其中，东北经济区的保险深度最高，为4.79%；大西北、黄河中游、北部沿海、南部沿海经济区的保险深度接近，为4.30%～4.49%；大西南和东部沿海经济区的保险深度较为接近，分别为3.95%和3.86%；长江中游经济区的保险密度最低，仅为3.67%，与全国平均水平差了近0.5个百分点。

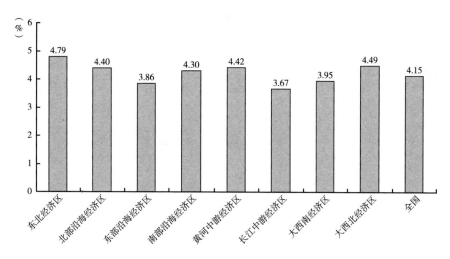

图 4-16　2018 年全国及各区域保险深度

资料来源：各省、自治区、直辖市（除港澳台地区）历年的统计年鉴及《中国金融年鉴》。

五　我国八大区域金融、经济发展情况对比

（一）八大经济区金融发展情况对比

从区域金融的角度来看，北部沿海经济区的金融相关比率最高，即从总体来看，该区域的金融业最发达，东部沿海经济区和南部沿海经济区紧跟其后，且南部沿海经济区与北部沿海经济区的差距逐年缩小；大西北经济区 FIR 为 2.6~4.8，保持着较快的增长势头，并在 2010 年超过南部沿海经济区及在 2012 年超过东部沿海经济区；大西南经济区紧随大西北经济区之后，FIR 为 2.5~3.6，接近全国平均水平；东北、长江中游和黄河中游经济区在 2015 年之前，金融相关比率基本持平，2015 年后随着东北振兴战略的实施，东北经济区的 FIR 显著提高，并赶超大西南经济区。从区域金融发展趋势来看，八大区域的 FIR 总体发展趋势基本一致，2008 年先降后升，2010~2012 年又出现了一定幅度的下跌，而后呈上升趋势。

从行业的角度来看，我国对银行业的依赖度，相对于其他国家而言仍然很高，企业发展所需资金主要来自银行的贷款和投资，因此各区域银行业的

发展差异对其经济发展差异有一定程度的影响。尽管东部沿海经济区的存款收入比率不是最高的，但其与值最高地区的差距较小，且贷款余额和存款余额远高于其他地区，因此可以认为其金融发展水平最高；北部沿海经济区存款收入比率最高，存贷款余额仅次于东部沿海经济区；南部沿海经济区紧随其后；大西南、长江中游和黄河中游经济区的存贷款余额和存款收入比率接近；东北和大西北经济区的存贷款余额较低，但由于两地区的生产总值偏低，其存款收入比率反而高于长江中游、黄河中游经济区。

从证券业角度来看，我国证券市场的发展以1990年上海证券交易所的成立为标志，已经有30多年的历史，对我国经济发展产生了深远的影响。当时我国证券业的发展实行的是地区试点模式，首先在东南沿海地区试行，上交所和深交所的成立促进了东南沿海地区及附近地区证券业的发展，并由此拉大了与其他地区之间的发展差距，各区域证券业的发展水平差异较大。东部沿海经济区在上市公司数量方面有着明显优势，平均上市公司数量为373.33家，远超过其他区域。南部沿海经济区平均上市公司数量为250.67家，位居第二。北部沿海经济区平均上市公司数量为154.75家。其他区域平均上市公司数量均低于全国平均水平，其中长江中游经济区平均上市公司数量较大，大西南、东北、黄河中游经济区平均上市公司数量基本持平，大西北经济区平均上市公司数量为26家。从股票市值和证券化率来看，北部沿海经济区均居第一；东部沿海经济区和南部沿海经济区较为接近，紧随其后；大西南、长江中游、黄河经济区之间差距不大；东北和大西北经济区股票市值均较低，两者基本持平，大西北经济区虽然股票市值最低，但由于地区生产总量较小，其证券化率反而高于大西南、长江中游和东北经济区。而黄河中游经济区由于经济总量较大，证券化率最低。

从保险业角度来看，作为金融体系中的保障性服务行业之一，近年来保险业发展迅速。但是由于经济发展水平及传统习惯、文化等方面的差异，各地区保险业发展水平存在差异。东部沿海经济区保险业最发达，尽管由于经济发展水平较高，其保险深度低于全国平均水平，但在保费收入和保险密度方面其优势更为明显；紧跟其后的是南部沿海经济区和北部沿海经济区，北部沿海经济区近年来保费收入几乎和东部沿海经济区一致，但保险密度与东部沿海经济区相比差距较大；东北经济区的保险深度较高，保险业在经济发展中的作用较大，但其保险密度和黄河中游经济区较为接近；长江中游、大西南和大西北经济区的保险密度较为接近，均低于全国平均水平，其中大西南和长江中游经济区的保费收入基本持平，远远超过大西北经济区。

综上所述，尽管近年来我国各区域的金融业都获得了相应的发展，但发展水平存在较大差异，无论是金融业总体发展还是各行业发展，都存在发展不均衡现象。总体来看，北部沿海经济区金融发展水平最高，长江中游和黄河中游经济区金融发展水平较低，其他地区居中；从银行业来看，大西北经济区的银行业规模较小，长江中游经济区银行融资能力较弱；从证券业来看，各区域证券业发展水平差异较大，北部、东部和南部沿海经济区发展证券业具有较大优势，其他区域证券业发展水平远落后于这三个地区，且区域间证券业发展水平差异较大；从保险业领域来看，除东部、北部和南部沿海经济区外，其他区域之间保险业发展水平差异相对较小。

（二）八大经济区经济发展情况对比

总体来看，2007 年以来，我国各区域的经济发展都取得了一定的成就，产业结构不断优化，但由前文的分析可知，各区域经济发展程度和水平存在较大差异，有着各自的优势。从经济总量及其占全国的比重来看，东部沿海经济区、北部沿海经济区、南部沿海经济区位居前三，遥遥领先于其他地区，2018 年其地区生产总值之和占全国生产总值的比重高达 52.59%；长江中游、黄河中游和大西南经济区的数值较为接近，处于中游水平；东北经济区地区生产总值在 2010 年之前接近于大西南经济区，但 2010 年之后两者差距逐渐扩大，经济总量及其全国占比较低；大西北经济区经济总量及其全国占比均最低，2018 年地区生产总值仅为 28493.19 亿元，仅为居首位的东部沿海经济区的 15.7%。

从增长速度来看，各区域的发展趋势基本一致，长江中游、大西南、大西北经济区的地区生产总值增长速度相对较快，2007~2018 年三个地区的平均经济增长速度都高于全国平均水平，其中长江中游经济区最高，达9.9%，大西北经济区虽然地区生产总值最低，但其增长速度仅次于长江中游和大西南经济区，说明其经济发展前景较好；南部沿海经济区、东部沿海经济区、北部沿海经济区在经济总量上占有绝对优势，但其经济增长速度却低于经济总量最低的大西北经济区，其中南部沿海经济区及东部沿海经济区与黄河中游经济区的经济增长速度较为接近，北部沿海经济区则更低一些，排倒数第二；东北经济区的地区生产总值平均增长速度最低，仅为4.94%，值得特别注意的是2016年其地区生产总值出现了负增长。

从产业结构来看，尽管北部、东部、南部沿海经济区和东北经济区第三产业占比基本一致，均在50%以上且高于全国平均水平，但仍有差异：东部沿海经济区第一产业占比最小，仅为3.42%，北部和南部沿海经济区居中，分别为5.31%和5.23%，东北经济区第一产业占比最高，为10.92%，相应的第二产业占比最低，这说明东北经济区尽管第三产业占比与其他三个区域接近，但产业结构优化程度仍不及其他三个区域；大西南和大西北经济区第三产业占比接近于全国平均水平，产业结构基本一致，第一产业占比在八个区域中较高，分别为11.82%和11.55%；长江中游和黄河中游经济区的产业结构相近，第三产业占比最低，第一产业占比较低，其中长江中游经济区第一产业占比下降幅度明显大于其他地区，从2007年的16.00%降到2018年的8.72%。

综上所述，尽管改革开放以来我国各区域的经济发展都取得了一定的成绩，但各区域的经济总量、经济增长速度以及产业优化程度均存在较大差异，即各区域经济发展不均衡。总体来看，东部、北部、南部沿海经济区最早对外开放、经济基础牢固，尽管地区生产总值增长速度较慢，但其在经济总量中占有绝对优势，产业结构优化程度较高；长江中游、黄河中游、大西南经济区经济总量接近，但近年来长江中游和大西南经济区的经济增长速度要快于黄河中游经济区，而黄河中游和长江中游经济区的产业结构要优于大西南经济区，东北经济区的经济总量紧随其后，但其平均经济增长速度最低，第三产业占比较高；大西北经济区经济总量最小，占全国生产总值的比重最小，但其地区生产总值平均增长速度高于全国平均水平。

第二节 区域金融影响区域经济发展的机理

作为一国经济运行的核心，金融发展主要包括两个方面：一是金融总量增长，它反映一国经济和金融整体发展水平的提高；二是金融结构优化，金融总量只是简单反映了金融数量的增加，提高金融发展质量的关键在于金融结构优化。目前发达国家与发展中国家的金融相关比率日益趋同，但金融系统的效率和作用却大相径庭，其原因在于，金融相关比率只是反映一个经济体金融化的总体状况，不能反映经济体金融化的内部结构，发达国家与发展中国家金融体系的区别主要体现在结构和效率上，而不仅仅是金融总量上。这一现象同样也表现在一个经济体内发达区域与欠发达区域的金融发展上，因此不仅要考察区域间金融总量的差异，更重要的是要考察区域间金融结构的差异和金融效率的不同。

一 区域金融化程度对区域经济发展的作用机理及假设

（一）作用机理

在研究区域金融总体发展状况时，国内外学者大多选取金融相关比率来加以衡量，金融相关比率在一定程度上能反映一个地区金融发展的整体状况，换句话说，也就是总体区域金融化程度。金融相关比率是由戈德史密斯提出的，是指在一定时期内金融资产市价总值与国民经济活动总量的比值，其中金融资产市价总值就是社会金融活动总量，包括非金融机构发行的金融工具（如债券、股票及信托凭证）、金融机构（中央银行、商业银行、保险公司、基金公司和二级金融交易中介）发行的金融工具（如活期存款和通货、保险单、居民储蓄等）和国外金融机构发行的金融工具等。金融相关比率是衡量一个地区经济基础结构与金融上层建筑关系的指标，这个指标可以在量上将金融和经济联系起来，指标值越大，说明该地区金融规模越大，金融发展水平及金融化程度越高。而一个区域的金融化程度越高，金融总体规模越大，对经济的影响也越大。较小的金融规模一般难以满足实体经济发展需要，甚至会阻碍区域经济的良性发展。戈德史密斯认为在一个区域的经济发展过程中，金融上层结构的变化会比经济基础结构的变化更为迅速，而欠发达区域的金融相关比率较发达区域要低得多，欠发达区域的金融相关比率呈上升趋势，但不会无止境地上升，一旦进入一定的阶段，就会趋于稳定，保持为 1~1.5。在一定条件下，区域金融化程度较高的区域，金融总体规模较大、发展较好，能够向资金需求者提供更多的资金支持，有利于增加投资及消费，进而扩大产出，促进区域经济发展。

（二）理论假设

由前文的分析可知，在一定条件下区域金融化程度越高越能促进经济的发展，为考察我国货币政策效应的空间非一致性，故提出假设 A：

在货币政策传导过程中，某一区域的金融相关比率越高越能促进经济发展。

鉴于金融相关比率的本质是反映一个经济体的金融化程度，参考前人的研究并兼顾数据的可得性，得到金融相关比率的计算公式如下：

金融相关比率（FIR）=（某区域内全部金融机构年末存款余额+贷款余额+股票市值）/该地区生产总值

二 区域金融结构对区域经济发展的作用机理及假设

（一）区域金融机构结构对区域经济发展的作用机理及其假设

1. 作用机理

金融机构是在金融体系中为实体经济提供相关金融服务的中介部门，可以分为银行类金融机构和非银行类金融机构。商业银行具有解决信息不对称问题的天然优势，在我国金融体系中扮演着重要的角色。在一定条件下，商业银行可以大规模集中社会闲散资金，并使资金从盈余单位转移到赤字单位，向资金需求者提供资金支持，从而增加投资、扩大产出，促进区域金融发展。银行信贷在货币政策传导过程中发挥着重要的作用，根据货币政策传导机制理论，银行信贷传导渠道是由一国的中央银行采取特殊的调控措施来影响商业银行等金融中介机构的贷款行为（包括贷款结构和贷款规模），从而影响总需求和投资的变动。已有研究表明，在信息不对称的条件下商业银行等金融中介机构的贷款具有特殊的作用。商业银行等金融中介机构在评估贷款申请人资格、筛选贷款申请人以及监督贷款的使用等环节所拥有的专业知识，使其可以向那些在公开市场上难以获得资金的借款人提供贷款服务。假定商业银行贷款与其他类型的金融资产（如股票、债券等）不可完全替代，特定类型的借款者的融资需求只能通过商业银行的贷款来得到满足，成为银行依赖者。在这种情况下，商业银行就有了传导货币政策的作用，可以使货币政策通过调控商业银行的贷款量从而进一步增强对经济运行的影响。当货币当局实施宽松的货币政策时，货币供给增加，银行的存款和准备金也会增加，从而可贷资金增加。可贷资金的增加，会使银行放宽贷款条件，企业更容易获得所需资金，在获得生产经营活动所需资金后企业会进一步扩大投资，或是进行技术创新以提高生产率、扩大产出，从而带动该区域经济发展。银行贷款传导渠道的过程可以简化为：货币供给 M↑→存款 D↑→贷款 L↑→投资 I↑→总产出 Y↑。

2. 理论假设

由前文的分析可知，在一定条件下商业银行可通过吸收存款向企业提供资金，扩大投资，增加实体部门的产出，促进区域经济发展，故提出假设 B：

在货币政策传导过程中，某一区域的金融机构分布越密集越能促进经济发展。

目前我国仍是以银行业为主的由间接金融主导的金融体系，加之考虑到金融机构数据的可得性问题，拟用银行类金融机构从业人员占比作为各个区域金融机构结构的近似反映，计算公式如下：

银行类金融机构从业人员占比（JGJ）= 某区域银行类金融机构从业人数/该区域总人口数

（二）区域金融市场结构对区域经济发展的作用机理及其假设

1. 作用机理

金融市场是资金供求双方进行资金融通的场所。金融市场的分类方式有很多种，按金融工具的不同交易期限可分为货币市场和资本市场。货币市场是以期限为 1 年以下的金融资产作为标的物的短期资金市场，主要包括票据贴现市场、回购协议市场、同业拆借市场、大额可转让定期存单市场和货币基金市场等，其特点是风险与收益都较低，但是由于可以随时将金融工具转换成现实中的货币，具有流动性好、成交量大的特点。资本市场是金融工具的交易期限在 1 年以上的市场，广义上包括两大部分：一是有价证券市场，二是银行中长期存贷款市场。而狭义上资本市场主要是指长期债券市场和股票市场。资本市场上交易的金融工具由于期限较长，流动性较差，价格变动幅度较大，风险也相对较大。

资本市场中的金融产品价格会随着货币政策的变化而变化，金融产品价格的变化也会影响投资和消费，进而影响地区的总产出。当货币当局实施扩张的货币政策时，如降低法定准备金率释放流动，货币供应量增加，利率降低，由于利率与证券市场的联动性，股票市场价格会上涨，根据托宾 Q 理论，如果托宾 Q 比率升高，那么企业市场价值与资本重置之比会上升，即建立新的厂房和购买相应的设备对于企业来说成本更低。由于股票价格高于购买相关厂房和设备的成本，企业仅需发行少量的股票就可购买到大量的资本品，为此企业会增加投资，进而引发技术进步与创新、生产率提高，总产出增加，推动区域经济发展。反映在货币政策上的传导机制为：货币供给增加，该区域资本市场的股票价格上升，从而托宾 Q 比率也会上升，导致该区域企业扩大投资，总产出增加。其传导过程可以简化为：货币供给 M↑→股票价格↑→托宾 Q↑→投资 I↑→总产出 Y↑。

此外，根据财富效应理论，股票价格上涨会增加消费者的金融财富，其收入也将随之增加，进而导致消费增加。股票价格对于消费的影响主要是通过两个方面来实现的：一是股票价格上涨会使得公众持有资产的名义总额增加，而财富的增加会使公众增加对劳务和商品的消费，从而消费增加；二是股票价格上涨使得公众预期未来收入增加，按照永久收入假说，未来收入增加也会使公众增加对劳务和商品的消费，从而消费增加。消费的增加会使得总产出增加，从而促进区域经济发展。其传导过程可表示为：货币供给 M↑→股票价格↑→名义资产↑→收入预期↑→消费 C↑→总产出 Y↑。

2. 理论假设

由前文的分析可知，完善的资本市场是实现上述传导过程的必要条件，形成具有一定深度、广度和弹性的资本市场才能有效刺激投资和消费，增加实体部门的产出，从而推动区域经济发展，故提出假设 C：

在货币政策传导过程中，某区域的资本市场越发达越能促进经济增长。由于数据的可得性，加之本研究旨在对各区域进行横向比较，拟选取股票市场作为资本市场的代表，用股票市场占比反映各区域金融市场结构，计算公式如下：

股票市场占比（SCJ）= 某区域年末股票市值总额/（该区域年末贷款余额+该区域年末股票市值总额）

（三）区域金融资产结构对经济发展的作用机理及其假设

1. 作用机理

金融资产是指以价值形态存在的资产，是金融活动中的重要组成部分，通过对金融资产总量的研究可以进一步了解金融市场发展情况。金融资产可分为货币类金融资产和非货币类金融资产。对于非货币类金融资产而言，在一定时期内其价格会随着我国货币政策的变化而变化，并会通过一定的途径影响实体部门的产出，进而影响区域经济增长。根据货币政策传导机制理论，非货币类金融资产影响区域经济增长的途径主要有托宾 Q 传导、财富效应传导、资产负债表渠道，其中前两个途径与区域金融市场结构分析类似，不再赘述，而资产负债表渠道也被称作净财富渠道，货币政策往往会通过影响借款者的资产净值和受信能力而影响银行对其的授信评级，并且影响借款者的投资活动，发挥货币政策的传导作用。当货币当局实施扩张的货币政策时，增加货币供给，利率降低，不仅会减少企业的利息支出，增加现金流，而且会使股票价值上升，进而增加借款方的净值（是指借款方的所有流动性资产加上其可以作为抵押物的资产），而企业净值的增加在一定程度上会减少由信息不对称现象而导致的逆向选择和道德风险，可以通过银行获得更多的资金用于扩大投资，增加产出，从而促进区域经济增长。资产负债表的传导机制可以表示为：货币供给 M↑→利率 i↓→净现金流 NCF 和资产价格 P↑→逆向选择和道德风险↓→银行贷款量 L↑→投资 I↑→总产出 Y↑。

2. 理论假设

由前文的分析可知，在一定条件下非货币类金融资产价格的变化会通过三个途径使企业的投资和消费发生变化，进而影响总产出，最终推动区域经济发展，故提出假设 D：

在货币政策传导过程中，某区域的非货币类金融资产越多，越能促进经济增长。

非货币类资产占比（ZCJ）= 某区域股票市值总额/（该区域年末存款
余额+该区域年末股票市值总额）

（四）区域融资结构对经济发展的作用机理及其假设

1. 作用机理

企业的外源性融资渠道主要有直接融资和间接融资两种。间接融资是指资金盈余单位以存款或向银行等金融机构购买有价证券的方式将资金存放在金融机构，然后金融机构再以贷款等形式，将资金提供给资金赤字单位的过程，主要表现为向商业银行贷款。由于我国金融市场发展并不成熟，信息不对称现象普遍存在，银行凭借在解决信息不对称问题、降低金融风险以及消除其他市场摩擦方面的优势在金融体系中扮演着特殊而重要的角色。正是因为银行具有这种能力，所以银行信贷仍然是主要的融资方式，尤其是对于那些获取信息有限、外源融资代价高、对银行信贷依赖性较强的中小企业或个人而言，在其有资金需求但没有更好的融资渠道时，只能通过商业银行筹集所需资金。当货币当局实施扩张的货币政策时，存款准备金率降低，货币供应增加，银行的准备金和存款均有所增加，即可贷资金增加。可贷资金的增加使得银行放贷条件有所放松，企业相对容易获得贷款。企业获得贷款后有利于增加投资与消费，从而促进区域经济增长。其传导机制可表示为：扩张性货币政策→银行可贷资金↑→贷款供应量↑→投资与消费↑→总产出↑。

值得注意的是，这种模式的成功运行，需要以下两个条件：一是贷款人必须依赖银行贷款融资；二是中央银行能影响商业银行的信贷供给，并且银行具有调配资金的能力，能调控资金的流向。在信贷决策过程中，商业银行一般会把资金投向规模较大、信用较高和风险较低的国有企业或大型企业以及国家重点技术改造项目和基础设施建设项目，因此间接融资具有一定的局限性，而直接融资能较好地规避这些局限性，有效地促进最具市场活力的中小企业发展，从而带动整个区域经济协调发展。

2. 理论假设

由前文的作用机理可知，我国商业银行信贷虽然发挥着重要的作用，但从我国市场经济发展的方向而言，直接融资发挥着比传统商业银行更重要的作用，可以更高效地为实体部门提供资金支持，从而促进区域经济发展，故提出假设 E：

在我国货币政策向不同区域传导过程中，直接融资占比越高，越能促进经济增长。

直接融资占比（RZJ）＝［某区域当年社会融资总规模－某区域间接融资额（人民币贷款+外币贷款+委托贷款+信托贷款+未贴现银行承兑汇票）］／该区域当年社会融资总规模

第三节　实证检验——八大区域的对比分析

一　模型选择

面板数据模型既包含了时间序列的特性，即可以描述个体随时间推移而发生变化的规律，又包含了截面数据的特点，即能够研究某一时期不同个体的差异，可以较为全面、深入地分析实际经济问题。本研究的目的在于探讨统一货币政策下各区域金融发展对经济增长的作用，即是否因金融发展水平差异的存在而造成各区域经济增长水平的差异，为此，考虑建立变系数面板数据模型。本研究以我国八大区域为研究对象，所含截面较少，时间跨度短，属于短面板数据，且为对比考察八大区域的不同情况适宜于建立固定效应模型，因此最终选用变系数固定效应模型实证研究我国区域金融对经济协调发展的影响。

本研究建立了两个面板模型，第一个模型为基础模型，第二个模型是在第一个模型的基础上引入交互项。交互项的引入，不仅有助于了解货币政策对区域经济发展的调控作用，还能更好地帮助我们分析在我国通过实施统一的货币政策来调控经济发展的过程中各区域金融发展对经济发展的作用。两个模型除了交互项外，其余条件均相同，这样便于通过对比分析两个模型的实证结果得知区域金融在货币政策与经济发展之间究竟发挥着怎样的调节作用，从而验证前文提出的假设，建立的面板数据模型如下。

模型一（不考虑交互项的基础面板模型）：

$$Y_{it} = \alpha_{it} + \beta_{1i}F_{it} + \beta_{2i}M_{it} + \gamma_{it}C_{it} + \varepsilon_{it}$$

模型二（考虑交互项的面板数据模型）：

$$Y_{it} = \alpha_{it} + \beta_{1i}F_{it} + \beta_{2i}M_{it} + \beta_{3i}M_{it}F_{it} + \gamma_{it}C_{it} + \varepsilon_{it}$$

式中，i 和 t 分别表示第 i 个区域和第 t 年；被解释变量 Y_{it} 代表区域经济发展变量；解释变量为货币政策 M_{it}、金融变量 F_{it}、货币政策与金融变量的交互项（$M_{it}F_{it}$）；α_{it} 为常数项；C_{it} 为控制变量；ε_{it} 为模型残差项；β_{it} 和 γ_{it} 为各变量前系数。

二 指标选取和数据来源

（一）指标选取

通过查阅相关资料可知，国内外学者针对区域金融发展影响经济发展的研究所选取的指标体系各有不同，本研究基于金融相关数据的可得性和代表性的考虑，在兼顾可比性和可操作性等原则下选择了以下指标。

1. 区域经济增长指标

考虑到本研究目的在于分析各区域金融发展水平的差异及其对经济发展的影响，而人均 GDP 这一指标最能反映各区域经济运行情况，因此用各区域当年 GDP 与当年常住人口总数之比，即人均 GDP 作为区域经济发展变量，用 *AGDP* 表示。

2. 货币政策指标

货币政策主要是通过改变货币供应量来调控经济发展，因此将其作为货币政策的代表变量。在实证分析时，由于我国实施的是统一的货币政策，可用我国各年份货币和准货币供应量来表示，并对其取对数记为 Ln*M2*。

3. 区域金融指标体系

对于区域金融发展的指标目前学术界并没有统一的标准，本研究此处在参考了国内学者对该指标的选择情况后，结合研究目的及对区域金融的定义，从金融总量和结构两个方面构建了区域金融发展指标体系。

（1）金融化程度指标

通过查阅国内外相关文献可以发现，大多数学者在研究区域金融发展相关问题时通常都会将戈德史密斯提出的金融相关比率作为衡量指标，即金融资产总额与 GDP 的比值。金融资产包括金融机构存贷款余额、股票市值、信用债余额和保费收入四个部分。由于我国股票、证券市场起步晚等，学者们一般都用金融机构存贷款余额表示金融资产。然而随着改革开放的深入，我国金融业快速发展，用金融机构存贷款余额表示金融资产的方法缺乏代表性，因此本研究在继续沿用这一指标的同时，兼顾数据的可得性，使用区域内全部金融机构存款余额、贷款余额及股票市值之和与地区生产总值之比来表示金融相关比率，并以此作为区域金融化程度的代表变量，其表达式为：

金融相关比率（FIR）=（某区域内全部金融机构年末存款余额+贷款余
额+股票市值）/该地区生产总值

（2）金融结构指标

区域金融结构在区域经济发展过程中扮演着非常重要的角色，各区域所拥有的金融市场、金融机构、金融资产及融资方式存在一定的差异，各有比较优势，完善的金融结构在一定程度上可以满足经济发展的需求，并随着区域实体经济的变化而不断优化，以适应经济发展形势，从而促进区域经济发展。基于本研究对金融结构的划分以及相关金融数据的可获得性，在借鉴前人研究的基础上选取金融机构结构、金融市场结构、金融资产结构、融资结构四个方面的指标来分析区域金融结构的差异。

①金融机构结构指标

金融机构是指在金融体系中为实体经济提供相关金融服务的中介机构。金融机构从业人员数量在一定程度上体现了该地区金融机构的规模和发展状况，而发达的金融机构能促进区域经济发展。在我国以间接金融为主导的现状下，银行类金融机构仍然占据主导地位，故拟用区域内银行类金融机构从业人数占该区域总人口数的比重来反映区域金融机构结构，该值越大表示金融机构从业人数越多，间接地表示金融机构的数量越多、金融业越发达。其表达式为：

银行类金融机构从业人员占比（JGJ）＝某区域银行类金融机构从业人数/该区域总人口数

②金融市场结构指标

金融市场结构是指各类市场在整个金融市场中所占的比重，可分为货币市场和资本市场。为了反映某区域资本市场与信贷市场之间的相对规模与结构，兼顾数据的可得性，本研究用某区域年末股票市值（A股）与该区域的年末贷款总额之比作为表示金融市场结构的变量，该值越大，表示该区域的资本市场越发达。其表达式为：

金融市场结构＝某区域年末股票市值/该区域的年末贷款总额

③金融资产结构指标

金融资产结构是指各类金融资产占金融总资产的比重。金融资产可分为货币性金融资产和非货币性金融资产。本研究以金融机构的全部存款作为货币性金融资产，非货币性金融资产包括股票市值、债券总额、保险资产、信托资产等。考虑到数据的可得性，本研究使用某区域股票市值占该区域年末存款余额与股票市值之和的比重来计算非货币类资产占比，并以此作为表示金融资产结构的变量，该值越大，说明该区域经济活动的交易媒介越充裕、流动性越好。

非货币类资产占比（ZCJ）＝某区域股票市值总额/（该区域年末存款余额+该区域年末股票市值总额）

④融资结构指标

融资结构是指直接融资额和间接融资额在资金需求方融资总额中所占的比重。由于数据的可得性，本研究使用某区域当年社会融资总规模与某区域间接融资额（人民币贷款+外币贷款+委托贷款+信托贷款+未贴现银行承兑汇票）之差与该区域当年社会融资总规模的比值计算直接融资占比，并以此作为表示融资结构的变量，该值越大，说明该区域的直接融资能力越强。其表达式应为：

直接融资占比（RZJ）＝[某区域当年社会融资总规模−某区域间接融资额（人民币贷款+外币贷款+委托贷款+信托贷款+未贴现银行承兑汇票）]/该区域当年社会融资总规模

表 4-3　金融发展指标体系

变量		指标公式	指标代码
金融化程度指标		（某区域内全部金融机构年末存款余额+贷款余额+股票市值）/该地区生产总值	FIR
金融结构指标	金融机构结构指标	某区域银行类金融机构从业人数/该区域总人口数	JGJ
	金融市场结构指标	某区域年末股票市值总额/（该区域年末贷款余额+该区域年末股票市值总额）	SCJ
	金融资产结构指标	某区域股票市值总额/（该区域年末存款余额+该区域年末股票市值总额）	ZCJ
	融资结构指标	（某区域当年社会融资总规模−某区域间接融资额）/该区域当年社会融资总规模	RZJ

4. 控制变量

除金融因素外，影响区域经济发展的因素还有很多，在进行实证分析时有必要考虑其他因素对区域经济发展的影响，因此需要在模型中设置控制变量，使模型的解释力更强，更具说服力，本研究选取了以下三个控制变量。

（1）区域经济开放度

随着我国对外开放进程的加快，某区域进出口贸易对经济发展的影响不断增加。因此本研究用各省、自治区、直辖市进出口总额占 GDP 的比重来反映区域经济开放度。

区域经济开放度（KFD）＝某区域当年进出口总额/该区域当年生产总值

（2）投资影响度

大量的实证研究表明投资对促进经济发展具有非常重要的作用。某区域固定资产投资的增加可以促使生产规模扩大，产出增加，对产业结构优化及经济发展具有重要影响。因此本研究用某区域当年全社会固定资产投资总额占该区域当年生产总值的比重来反映投资对经济发展的影响程度。

投资影响度（TZD）＝某区域当年全社会固定资产投资总额/该区域当年生产总值

（3）消费影响度

消费在很大程度上能促进经济发展，因此本研究选取各区域社会商品零售总额来反映其消费情况，并用某区域当年社会商品零售总额占该区域当年生产总值的比重来反映消费对经济发展的影响程度。

消费影响度（XFD）＝某区域当年社会商品零售总额/该区域当年生产总值

（二）数据来源

本研究考察时段为 2009～2018 年，以东北经济区（辽宁、吉林、黑龙江）、北部沿海经济区（北京、天津、河北、山东）、东部沿海经济区（上海、江苏、浙江）、南部沿海经济区（福建、广东、海南）、黄河中游经济区（陕西、山西、河南、内蒙古）、长江中游经济区（安徽、江西、湖北、湖南）、大西南经济区（云南、贵州、四川、重庆、广西）、大西北经济区（甘肃、青海、宁夏、西藏、新疆）八大区域为研究对象进行面板数据分析。实证部分所采用的数据来自各省、自治区、直辖市（除港澳台地区）历年的金融年鉴和统计年鉴，以及《中国金融年鉴》《中国区域金融运行报告》《新中国六十年统计资料汇编》。此外，部分数据的收集还使用了中经网统计数据库、中国国家统计局官方网站等平台。八大区域的数据由区域内各省区市的数据进行加总计算得到。实证分析选用的软件是 Stata14。

表 4-4 区域金融指标说明与描述性统计

变量		指标代码	样本量（个）	均值	标准差	最小值	最大值
货币政策（M）		$LnM2$	80	2.0522	0.1527	1.7855	2.2617
金融变量（F）	金融总量	FIR	80	3.4548	0.8027	2.1904	5.0084
	金融结构	JGJ	80	27.3325	6.1361	15.4157	38.7182
		SCJ	80	0.2761	0.2292	0.1115	0.6343
		RZJ	80	0.2168	0.0957	0.0893	0.5277
		ZCJ	80	0.2092	0.0964	0.0180	0.6064
货币政策和金融变量的交互项（M·F）		$LnM2 \cdot FIR$	80	7.1334	1.9052	4.2084	10.6409
		$LnM2 \cdot JGJ$	80	56.4492	14.7424	27.5246	87.5682
		$LnM2 \cdot SCJ$	80	0.8717	0.5880	0.2781	3.0963
		$LnM2 \cdot ZCJ$	80	0.4436	0.1946	0.1825	0.9421
		$LnM2 \cdot RZJ$	80	0.4333	0.2141	0.0400	1.3714
控制变量 C		KFD	80	0.0493	0.0512	0.0083	0.1460
		XFD	80	0.3877	0.3380	0.2874	0.5670
		TZD	80	0.7321	0.5727	0.3776	1.2274

资料来源：各省、自治区、直辖市（除港澳台地区）历年的统计年鉴，以及《中国金融年鉴》《中国区域金融运行报告》。

三 实证检验过程

前文已经详细论述了区域金融发展对经济发展的作用机理，并据此提出了相应的假设，同时也选取了一系列指标。本部分将通过建立未引入和引入金融变量与货币政策交互项的两个变系数固定效应模型对比分析在统一的货币政策下各区域金融（包括金融化程度和金融结构）发展对区域经济发展的影响，重点分析各区域金融发展水平的差异对区域经济发展的不同影响。

（一）区域金融化程度对区域经济发展影响的实证分析

在前文的理论分析中，本研究认为一个区域的金融化程度越高，金融规模越大，能够向资金需求者提供的资金也越多，进而越有助于促进区域经济发展。为检验这一结论的真伪，本研究选取金融化程度指标（FIR）、货币政策指标（Ln$M2$）及两者的交互项（Ln$M2 \cdot FIR$）作为解释变量，区域经济开放度（KFD）、消费影响度（XFD）、投资影响度（TZD）作为控制变量，利用模型一（不考虑交互项的基础面板数据模型）和模型二（考虑交互项的基础面板数据模型）进行具体实证分析，具体模型如下：

模型一：

$$Y_{it} = \alpha_{it} + \beta_{1i}\text{Ln}M2 + \beta_{2i}FIR + \gamma_1\text{Ln}XFD + \gamma_2\text{Ln}TZD + \gamma_3\text{Ln}KFD + \varepsilon_{it}$$

模型二：

$$Y_{it} = \alpha_{it} + \beta_{1i}\text{Ln}M2 + \beta_{2i}FIR + \beta_{3i}\text{Ln}M2 \cdot FIR + \gamma_1\text{Ln}XFD + \gamma_2\text{Ln}TZD + \gamma_3\text{Ln}KFD + \varepsilon_{it}$$

本研究利用 Stata14 对我国八大区域 2009~2018 年度面板数据进行变系数固定效应模型回归，回归结果详见表 4-5 和表 4-6。

表 4-5　区域金融化程度模型一回归结果

变量	北部沿海经济区	长江中游经济区	东部沿海经济区	东北经济区	黄河中游经济区	南部沿海经济区	大西北经济区	大西南经济区
Ln$M2$	0.7758 *** （0.0385）	1.0028 *** （0.0151）	0.8829 *** （0.0204）	0.9404 *** （0.0368）	0.9555 *** （0.0142）	0.8287 *** （0.0144）	0.9389 *** （0.0230）	1.0240 *** （0.0355）
FIR	−0.0256 * （0.0136）	−0.1139 *** （0.0277）	−0.0248 * （0.0142）	0.0036 （0.0333）	−0.1405 *** （0.0395）	−0.0019 （0.0170）	−0.1226 *** （0.0182）	−0.1478 *** （0.0322）
_Cons	−1.1352 （0.1511）	−1.3790 *** （0.1797）	−0.2346 * （0.1353）	−1.0156 *** （0.1770）	−1.0424 *** （0.1558）	−0.3051 * （0.1537）	−1.2819 *** （0.1899）	−1.4780 *** （0.1961）
KFD	0.3831 （0.2678）							
XFD	−2.1700 *** （0.3360）							

续表

变量	北部沿海经济区	长江中游经济区	东部沿海经济区	东北经济区	黄河中游经济区	南部沿海经济区	大西北经济区	大西南经济区
TZD	0.2275 *** （0.0390）							
N	80							
r2_a	0.9984							

注：*** 、** 、* 分别表示的是 1%、5% 和 10% 的显著性水平，括号中的数值为经过调整处理后的标准误。

表 4-6　区域金融化程度模型二回归结果

变量	北部沿海经济区	长江中游经济区	东部沿海经济区	东北经济区	黄河中游经济区	南部沿海经济区	大西北经济区	大西南经济区
Ln*M2*	0.3492 （0.4812）	0.8047 *** （0.2451）	0.3848 （0.2503）	1.2383 *** （0.3849）	0.5139 ** （0.2132）	0.4144 （0.2495）	0.7450 ** （0.3004）	1.1311 ** （0.4972）
FIR	−0.4296 （0.4486）	−0.4850 （0.4731）	−0.6210 ** （0.2995）	0.5776 （0.7641）	−1.0312 ** （0.4250）	−0.5527 （0.3366）	−0.3894 （0.4009）	0.0216 （0.7172）
Ln*M2*·*FIR*	0.0911 （0.0997）	0.0743 （0.0980）	0.1241 ** （0.0615）	−0.1154 （0.1525）	0.1770 ** （0.0858）	0.1156 （0.0697）	0.0531 （0.0813）	−0.0361 （0.1515）
_Cons	0.6725 （2.1694）	−2.2778 （2.4302）	0.2374 （2.4434）	−4.3768 （2.8363）	−0.77067 （2.3282）	−0.2633 （2.5858）	−2.1865 （2.5302）	−3.8590 （3.2275）
KFD	0.8258 ** （0.3350）							
XFD	−2.0616 *** （0.3618）							
TZD	0.2537 *** （0.0544）							
N	80							
r2_a	0.9984							

注：*** 、** 、* 分别表示的是 1%、5% 和 10% 的显著性水平，括号中的数值为经过调整处理后的标准误。

根据表 4-5 和表 4-6 可知，两个模型的拟合优度都较高，说明模型的解释力较强。其中，模型一中货币政策（LnM2）和金融化程度的系数（FIR）较为显著，表明两者对区域经济发展有着较大的直接影响，而模型二中各变量的显著性稍弱一些，FIR 和 LnM2·FIR 只在东部沿海经济区和黄河中游经济区通过了显著性检验，其他地区均不显著。

本部分研究的是在货币政策传导过程中区域金融化程度对经济发展的调控作用，根据表 4-5 和表 4-6 的数据可得到两个模型下我国八大区域的回归方程，对其进行一阶求导便可得到两个模型下货币政策对区域经济发展的影响系数，模型一中的影响系数为具体数值 β_{1i}，而模型二中的影响系数是金融化程度的函数：$\beta_{1i}+\beta_{3i}FIR$，借鉴以往学者的研究方法，一般是将相应样本的均值即各区域的金融化程度 FIR 均值带入式中就可得到相应的影响系数。模型一和模型二的区别仅在于是否引入交互项，即考虑金融化程度对经济发展的调控作用，其他条件都相同，因此可对两个模型下的影响系数进行做差处理，得到在我国实行统一货币政策的过程中各区域金融化程度对区域经济发展的影响系数 β_1'，之后再将其与我国各区域金融化程度均值做相关性分析便可验证前文所提假设。具体结果如表 4-7 所示。

表 4-7　金融化程度对区域经济的影响

变量	北部沿海经济区	长江中游经济区	东部沿海经济区	东北经济区	黄河中游经济区	南部沿海经济区	大西北经济区	大西南经济区
β_{1i}	0.7758	1.0028	0.8829	0.9404	0.9555	0.8287	0.9389	1.0240
$\beta_{1i}+\beta_{3i}FIR$	0.7581	0.9962	0.8978	0.9000	0.9706	0.8492	0.9507	1.0123
β_1'	-0.0177	-0.0066	0.0149	-0.0404	0.0151	0.0205	0.0118	-0.0117
FIR	4.4882	2.5779	4.1338	2.9319	2.5803	3.7612	3.8738	3.2915

观察表 4-7 可以发现，由于各区域金融化程度存在差异，在我国统一的货币政策下，各区域金融发展对经济发展的影响有所不同。对 β_1'（各区域金融化程度对区域经济的影响系数）和 FIR（各区域金融化程度均值）

做相关性分析，得到两者的相关性系数为 0.1752。从总体来看，区域金融化程度的提升在一定条件下能促进经济发展，但其作用相对较微弱。具体来看，在我国八大经济区中，北部沿海经济区的金融化程度最高（4.4882），但其在货币政策与经济发展之间的调控作用却是负向的（-0.0177），这在一定程度上说明金融化程度较高并不能意味着有利于促进区域经济发展，它是区域经济发展的必要而非充分条件，是区域经济快速发展的基础。而南部沿海经济区的金融化程度（3.7612）低于北部沿海经济区，但其 β_1' 的系数为正且最大（0.0205），表明该区域金融化程度还有待提高，其在货币政策与经济发展之间存在正向的调控作用，金融化程度每提高 1 个单位，区域经济增速将增加 2.05%。

（二）区域金融结构对区域经济发展的实证分析

1. 金融机构结构对区域经济发展的实证分析

根据前文的分析，在一定条件下，银行可通过吸收存款向特定企业提供资金，促进区域经济发展，并提出假设 B。为检验这一假设的真伪，本研究选取金融机构结构指标（*JGJ*）、货币政策指标（Ln*M2*）及两者的交互项（Ln*M2* · *JGJ*）作为解释变量，区域经济开放度（*KFD*）、消费影响度（*XFD*）、投资影响度（*TZD*）作为控制变量，利用模型一（不考虑交互项的基础面板数据模型）和模型二（考虑交互项的基础面板数据模型）进行具体实证分析，具体模型如下：

模型一：

$$Y_{it} = \alpha_{it} + \beta_{1i}\text{Ln}M2 + \beta_{2i}JGJ + \gamma_1\text{Ln}XFD + \gamma_2\text{Ln}TZD + \gamma_3\text{Ln}KFD + \varepsilon_{it}$$

模型二：

$$Y_{it} = \alpha_{it} + \beta_{1i}\text{Ln}M2 + \beta_{2i}JGJ + \beta_{3i}\text{Ln}M2 \cdot JGJ + \gamma_1\text{Ln}XFD + \gamma_2\text{Ln}TZD + \gamma_3\text{Ln}KFD + \varepsilon_{it}$$

本研究利用 Stata14 对我国八大区域 2009～2018 年度面板数据进行变系数固定效应模型回归，回归结果详见表 4-8 和表 4-9。

根据表 4-8 和表 4-9 可知，两个模型的拟合优度都较高，说明模型较为稳定。两个模型中不同区域的货币政策（Ln*M2*）系数均显著为正，表明对经济发展起到正向促进作用。金融机构结构系数（*JGJ*）也均为正，但有的地区没有通过显著性检验。

表4-8　金融机构结构模型一回归结果

变量	北部沿海经济区	长江中游经济区	东部沿海经济区	东北经济区	黄河中游经济区	南部沿海经济区	大西北经济区	大西南经济区
Ln*M2*	0.7536 *** (0.0099)	0.9539 *** (0.0783)	0.8743 *** (0.0400)	0.7970 *** (0.0657)	0.8791 *** (0.0343)	0.8491 *** (0.0278)	0.3808 *** (0.1239)	0.8895 *** (0.0906)
JGJ	0.0147 *** (0.0013)	0.0114 (0.0170)	0.0033 (0.0031)	0.0244 *** (0.0061)	0.0080 ** (0.0036)	0.0046 (0.0036)	0.0716 *** (0.0198)	0.0186 (0.0113)
_Cons	−1.3039 *** (0.0461)	−1.1857 *** (0.1011)	−0.0026 (0.0974)	−0.6930 *** (0.1453)	−0.7836 *** (0.0967)	−0.1357 * (0.0777)	−0.4789 *** (0.1560)	−1.2432 *** (0.1976)
KFD	0.5011 ** (0.2417)							
XFD	−2.6466 *** (0.1518)							
TZD	0.0898 (0.0565)							
N	80							
r2_a	0.9981							

注：***、**、* 分别表示的是1%、5%和10%的显著性水平，括号中的数值为经过调整处理后的标准误。

表4-9　金融机构结构模型二回归结果

变量	北部沿海经济区	长江中游经济区	东部沿海经济区	东北经济区	黄河中游经济区	南部沿海经济区	大西北经济区	大西南经济区
Ln*M2*	0.7512 *** (0.1174)	1.5692 *** (0.1297)	0.9253 *** (0.1407)	1.1497 ** (0.4720)	1.2877 *** (0.1245)	0.4839 * (0.2640)	1.9564 *** (0.2567)	1.8247 *** (0.1268)
JGJ	0.0150 (0.0220)	0.1420 *** (0.0356)	0.0087 (0.0213)	0.0857 (0.0711)	0.0969 *** (0.0258)	−0.0535 (0.0462)	0.2416 *** (0.0315)	0.1509 *** (0.0131)
Ln*M2* · *JGJ*	−0.0002 (0.0046)	−0.0300 *** (0.0071)	−0.0014 (0.0045)	−0.0130 (0.0154)	−0.0182 *** (0.0056)	0.0126 (0.0098)	−0.0484 *** (0.0075)	−0.0358 *** (0.0040)
_Cons	−1.3622 ** (0.5604)	−3.8670 *** (0.6897)	−0.2297 (0.5324)	−2.3799 (2.0703)	−2.7691 *** (0.7140)	1.4939 * (0.8169)	−6.3711 *** (0.9774)	−4.8791 *** (0.6464)
KFD	0.5616 (0.3397)							

续表

变量	北部沿海经济区	长江中游经济区	东部沿海经济区	东北经济区	黄河中游经济区	南部沿海经济区	大西北经济区	大西南经济区
XFD				-2.3084^{***}				
				(0.3015)				
TZD				0.0003				
				(0.0421)				
N				80				
r2_a				0.9992				

注：***、**、*分别表示的是1%、5%和10%的显著性水平，括号中的数值为经过调整处理后的标准误。

　　本部分研究的是在货币政策传导过程中区域金融机构结构对经济发展的调控作用。根据表4-8和表4-9中的数据可得到两个模型下我国八大区域的回归方程，分别对其进行一阶求导便可得到两个模型下货币政策对区域经济发展的影响系数，模型一中的影响系数为具体数值 β_{1i}，而模型二中的影响系数是金融机构结构的函数 $\beta_{1i}+\beta_{3i}JGJ$，以往学者的研究方法一般是将相应样本的均值即各区域的金融机构结构（JGJ）均值带入式中就可得到相应的影响系数。模型一和模型二的区别仅在于是否引入交互项即考虑金融机构结构对经济发展的调控作用，其他条件都相同，因此可对两个模型下的影响系数进行做差处理，从而得到在我国实行统一货币政策的过程中各区域金融机构结构对区域经济的影响系数 β_2'，之后再将其与各区域金融机构结构均值做相关性分析即可验证前文所提假设，具体结果如表4-10所示。

表4-10　金融机构结构对区域经济的影响

变量	北部沿海经济区	长江中游经济区	东部沿海经济区	东北经济区	黄河中游经济区	南部沿海经济区	大西北经济区	大西南经济区
β_{1i}	0.7536	0.9539	0.8743	0.7970	0.8791	0.8491	0.3808	0.8895
$\beta_{1i}+\beta_{3i}JGJ$	0.7453	0.9918	0.8761	0.6989	0.8310	0.8535	0.7353	1.0897
β_2'	-0.0083	0.0379	0.0018	-0.0981	-0.0481	0.0044	0.3545	0.2002
JGJ	29.4080	19.2462	35.1429	34.6767	25.0921	29.3349	25.2293	20.5297

由表 4-10 可知，由于我国各区域金融机构结构存在差异，货币政策及金融机构结构对各区域经济发展的影响也不同。对 β_2'（各区域金融机构结构对区域经济的影响系数）和 JGJ（各区域金融机构结构均值）进行相关性分析，结果显示银行类金融机构的密集程度较高总体上并不意味着有利于促进经济发展，而是呈现一种负向关系（-0.4917）。这说明金融机构结构只是区域经济发展的必要而非充分条件，如东北经济区的银行类从业人员占比较高，仅次于东部沿海经济区，但是其在货币政策与经济发展之间的调控作用却是负向的（-0.0981）。这也许和东北经济区营商环境欠佳、行政效率不高有关；北部沿海经济区的银行类从业人员占比位居第三，然而其在货币政策与经济发展之间的调控作用也是负向的（-0.0083），这应该和该区域中北京、天津等城市的非市场化取向有关；而对于大西北经济区，银行类从业人员占比排倒数第四，但其对经济的调节作用却为正值且最大。因此，金融机构的密集程度较高并不意味着一定能促进区域经济发展。

2. 金融市场结构对区域经济发展的实证分析

在货币政策向不同区域的传导过程中，某区域资本市场越发达越能促进经济发展。为检验这一假设的真伪，选取金融市场结构指标（SCJ）、货币政策指标（$\text{Ln}M2$）及两者的交互项（$\text{Ln}M2 \cdot SCJ$）作为解释变量，区域经济开放度（KFD）、消费影响度（XFD）、投资影响度（TZD）作为控制变量，利用模型一（不考虑交互项的基础面板数据模型）和模型二（考虑交互项的基础面板数据模型）进行具体实证分析，具体模型如下：

模型一：

$$Y_{it} = \alpha_{it} + \beta_{1i}\text{Ln}M2 + \beta_{2i}SCJ + \gamma_1\text{Ln}XFD + \gamma_2\text{Ln}TZD + \gamma_3\text{Ln}KFD + \varepsilon_{it}$$

模型二：

$$Y_{it} = \alpha_{it} + \beta_{1i}\text{Ln}M2 + \beta_{2i}SCJ + \beta_{3i}\text{Ln}M2 \cdot SCJ + \gamma_1\text{Ln}XFD + \gamma_2\text{Ln}TZD + \gamma_3\text{Ln}KFD + \varepsilon_{it}$$

本研究利用 Stata14 对我国八大区域 2009～2018 年度面板数据进行变系数固定效应模型回归，回归结果详见表 4-11 和表 4-12。

表 4-11 金融市场结构模型一回归结果

变量	北部沿海经济区	长江中游经济区	东部沿海经济区	东北经济区	黄河中游经济区	南部沿海经济区	大西北经济区	大西南经济区
$\mathrm{Ln}M2$	0.8921 *** (0.0421)	0.9738 *** (0.0280)	0.9202 *** (0.0194)	1.0332 *** (0.0318)	0.9025 *** (0.0399)	0.8884 *** (0.0231)	0.7237 *** (0.0350)	0.9800 *** (0.0353)
SCJ	0.2932 (0.2200)	−0.1247 (0.1802)	0.0569 (0.0782)	0.2187 ** (0.0999)	−0.2425 (0.2005)	0.1437 ** (0.0598)	−0.5920 *** (0.1196)	−0.2696 (0.2189)
_Cons	−1.7199 *** (0.2622)	−0.6536 ** (0.2745)	0.2344 (0.2632)	−0.6214 ** (0.2782)	−0.2667 (0.2895)	0.1140 (0.2677)	0.2113 (0.2717)	−0.8608 *** (0.2936)
KFD	1.0087 *** (0.2724)							
XFD	−2.7300 *** (0.2528)							
TZD	0.1629 *** (0.0437)							
N	80							
r2_a	0.9978							

注： *** 、 ** 、 * 分别表示的是 1%、5% 和 10% 的显著性水平，括号中的数值为经过调整处理后的标准误。

表 4-12 金融市场结构模型二回归结果

变量	北部沿海经济区	长江中游经济区	东部沿海经济区	东北经济区	黄河中游经济区	南部沿海经济区	大西北经济区	大西南经济区
$\mathrm{Ln}M2$	0.5514 *** (0.1028)	0.7891 *** (0.0420)	0.7102 *** (0.0774)	0.8869 *** (0.1468)	0.7448 *** (0.0717)	0.7364 *** (0.0570)	0.5465 *** (0.0499)	0.5993 *** (0.0518)
SCJ	−2.6177 *** (0.8280)	−4.0022 *** (0.5768)	−2.9358 ** (1.1466)	−2.4166 (2.4329)	−3.9471 *** (1.1408)	−1.4784 * (0.7468)	−4.2275 *** (1.0472)	−9.0976 *** (1.2563)
$\mathrm{Ln}M2 \cdot SCJ$	0.6072 *** (0.1728)	0.8185 *** (0.1212)	0.6086 ** (0.2411)	0.5163 (0.4825)	0.7855 *** (0.2317)	0.3305 ** (0.1575)	0.8270 *** (0.2370)	1.8863 *** (0.2643)
_Cons	−0.0425 (0.4879)	−1.4394 *** (0.4890)	−0.3608 (0.5589)	−1.5669 ** (0.7106)	−1.1838 ** (0.5227)	−0.7571 (0.5106)	−0.6491 (0.5314)	−0.7347 (0.5564)
KFD	0.2472 (0.2398)							
XFD	−2.5902 *** (0.3146)							

续表

变量	北部沿海经济区	长江中游经济区	东部沿海经济区	东北经济区	黄河中游经济区	南部沿海经济区	大西北经济区	大西南经济区
TZD				0. 1012 **				
				(0. 0474)				
N				80				
r2_a				0. 9989				

注：***、**、*分别表示的是1%、5%和10%的显著性水平，括号中的数值为经过调整处理后的标准误。

根据表4-11和表4-12可以得知，两个模型的拟合优度都较高，说明模型较稳定，且两个模型中不同区域的货币政策（$LnM2$）均在1%的水平上显著为正，表明其对经济发展起到正向促进作用。模型一中金融市场结构（SCJ）只有东北经济区、南部沿海经济区和大西北经济区通过显著性检验，加入交互项之后，金融市场结构系数（SCJ）的显著性提高。

本部分研究的是在货币政策传导过程中区域金融市场结构对经济发展的调控作用。根据表4-11和表4-12中的数据可得到两个模型下我国八大区域的回归方程，分别对其进行一阶求导便可得到两个模型下货币政策对区域经济发展的影响系数，模型一中的影响系数为具体数值 β_{1i}，而模型二中的影响系数是金融市场结构的函数 $\beta_{1i}+\beta_{3i}SCJ$，以往学者的研究方法一般是将相应样本的均值即各区域的金融市场结构（SCJ）均值带入式中就可得到相应的影响系数。模型一和模型二的区别仅在于是否引入交互项，即考虑金融市场结构对经济发展的调控作用，其他条件都相同，因此可对两个模型下的影响系数进行做差处理，得到在我国实行统一货币政策的过程中，各区域金融市场结构对区域经济的影响系数 β_3'，之后再将其与我国各区域金融市场结构均值做相关性分析便可验证前文所提假设，具体结果如表4-13所示。

表 4-13 金融市场结构对区域经济的影响

变量	北部沿海经济区	长江中游经济区	东部沿海经济区	东北经济区	黄河中游经济区	南部沿海经济区	大西北经济区	大西南经济区
β_{1i}	0.8921	0.9738	0.9202	1.0332	0.9025	0.8884	0.7237	0.9800
$\beta_{1i}+\beta_{3i}SCJ$	0.8528	0.9741	0.8922	0.9886	0.9011	0.8544	0.7451	0.9664
$\beta_3{}'$	−0.0393	0.0003	−0.0280	−0.0446	−0.0014	−0.0340	0.0214	−0.0136
SCJ	0.4963	0.2261	0.2990	0.1969	0.1990	0.3570	0.2402	0.1946

根据表 4-13 可知，在我国各区域资本市场占比（SCJ）存在差异的情况下，各区域金融市场结构对区域经济发展的影响不尽相同。对 $\beta_3{}'$（各区域金融市场结构对区域经济的影响系数）和 SGJ（各区域金融市场结构均值）进行相关性分析，结果显示两者负相关（−0.4753）。这说明资本市场占比的提高总体上非但没有促进经济发展，反而在一定程度上抑制了区域经济发展。例如，除了长江中游和大西北经济区外，其他地区金融市场结构在货币政策与经济发展之间的调控作用均是负向的，就连资本市场占比排第一（0.4963）的北部沿海经济区也不例外（−0.0393），究其根源，主要是我国当前资本市场发展还不完善，利率市场化改革尚未取得显著成效，信贷传导渠道仍是货币政策传导的主要渠道。

3. 融资结构对区域经济发展的实证分析

本研究认为在货币政策在不同区域的传导过程中，某区域直接融资比例越高，越能促进经济发展。为检验这一假设的真伪，选取融资结构指标（RZJ）、货币政策指标（$LnM2$）及两者的交互项（$LnM2 \cdot RZJ$）作为解释变量，区域经济开放度（KFD）、消费影响度（XFD）、投资影响度（TZD）作为控制变量，利用模型一（不考虑交互项的基础面板数据模型）和模型二（考虑交互项的基础面板数据模型）进行具体实证分析，具体模型如下：

模型一：

$$Y_{it} = \alpha_{it} + \beta_{1i}LnM2 + \beta_{2i}RZJ + \gamma_1 LnXFD + \gamma_2 LnTZD + \gamma_3 LnKFD + \varepsilon_{it}$$

模型二：

$$Y_{it} = \alpha_{it} + \beta_{1i}LnM2 + \beta_{2i}RZJ + \beta_{3i}LnM2 \cdot RZJ + \gamma_1 LnXFD + \gamma_2 LnTZD + \gamma_3 LnKFD + \varepsilon_{it}$$

本研究利用Stata14对我国八大区域2009~2018年度面板数据进行变系数固定效应模型回归，回归结果详见表4-14、表4-15。

表4-14　融资结构模型一回归结果

变量	北部沿海经济区	长江中游经济区	东部沿海经济区	东北经济区	黄河中游经济区	南部沿海经济区	大西北经济区	大西南经济区
LnM2	0.8522 ***	1.0127 ***	0.9403 ***	1.0908 ***	0.9457 ***	0.9083 ***	0.8386 ***	1.0217 ***
	(0.0222)	(0.0241)	(0.0230)	(0.0457)	(0.0303)	(0.0263)	(0.0389)	(0.0293)
RZJ	-0.1032 **	-0.1364	-0.0642	-0.4615 ***	0.0126	-0.0602	0.0561	-0.1031
	(0.0462)	(0.0945)	(0.0768)	(0.1404)	(0.1013)	(0.0695)	(0.1623)	(0.1084)
_Cons	-1.2533 ***	-1.2060 ***	-0.2002 *	-1.1359 ***	-0.8946 ***	-0.2838 **	-0.8623 ***	-1.4605 ***
	(0.0958)	(0.123)	(0.1185)	(0.1704)	(0.1275)	(0.1400)	(0.2050)	(0.1505)
KFD	0.8699 ***							
	(0.3198)							
XFD	-2.8928 ***							
	(0.2242)							
TZD	0.1264 **							
	(0.0516)							
N	80							
r2_a	0.9973							

注：*** 、** 、* 分别表示的是1%、5%和10%的显著性水平，括号中的数值为经过调整处理后的标准误。

表4-15　融资结构模型二回归结果

变量	北部沿海经济区	长江中游经济区	东部沿海经济区	东北经济区	黄河中游经济区	南部沿海经济区	大西北经济区	大西南经济区
LnM2	0.9100 ***	1.0839 ***	0.9811 ***	1.0963 ***	0.9872 ***	0.8801 ***	1.0360 ***	1.1215 ***
	(0.0512)	(0.0194)	(0.0363)	(0.0327)	(0.0266)	(0.0299)	(0.0529)	(0.0191)
RZJ	1.0955	2.2813 **	1.7641 *	1.3858	1.9828 ***	-0.0442	6.6138 ***	4.4726 ***
	(0.7193)	(0.8972)	(0.9364)	(1.3214)	(0.4587)	(0.8539)	(1.8699)	(0.3937)

续表

变量	北部沿海经济区	长江中游经济区	东部沿海经济区	东北经济区	黄河中游经济区	南部沿海经济区	大西北经济区	大西南经济区
Ln$M2$·RZJ	-0.2338 (0.1449)	-0.4838*** (0.1706)	-0.3749* (0.1927)	-0.3593 (0.2569)	-0.3970*** (0.0920)	-0.0035 (0.1681)	-1.2836*** (0.3676)	-0.9187*** (0.0764)
_Cons	-1.6219*** (0.2420)	-1.2793*** (0.2601)	-0.0739 (0.2814)	-0.9038*** (0.2731)	-0.8161*** (0.2559)	0.1786 (0.2856)	-1.5721*** (0.3632)	-1.6673*** (0.2449)
KFD	0.4905 (0.3133)							
XFD	-2.6812*** (0.2438)							
TZD	0.1315*** (0.0487)							
N	80							
r2_a	0.9983							

注：***、**、* 分别表示的是1%、5%和10%的显著性水平，括号中的数值为经过调整处理后的标准误。

根据表4-14和表4-15可知，两个模型的拟合优度都较高，说明模型较稳定。两个模型中不同区域的货币政策（Ln$M2$）系数均在1%的水平上显著为正且各不相同，表明其对经济发展起到正向促进作用；融资结构（RZJ）系数在模型二中的显著性要优于模型一；交互项（Ln$M2$·RZJ）的系数均为负且大部分通过了显著性检验。

本部分研究的是在货币政策的传导过程中，区域融资结构对经济发展的调控作用。根据表4-14和表4-15中的数据可得到两个模型下我国八大区域关于融资结构的回归方程，分别对其进行一阶求导便可得到两个模型下货币政策对区域经济发展的影响系数，模型一中的影响系数为具体数值 β_{1i}，而模型二中的影响系数是融资结构的函数 $\beta_{1i}+\beta_{3i}RZJ$，以往学者的研究方法一般是将相应样本的均值即各区域的融资结构（RZJ）均值带入式中就可得到相应的影响系数。模型一和模型二的区别仅在于是否引入交互项即考虑融资结构对经济的调节作用，其他条件都相同，因此可对两个模型下的影响系数进行做差处理，得到在我国实行统一货币政策的过程中，各区域融资结构对区域经济的影响系数 β_4'，之后再将其与我国各区域金融融资结构均值做相关性分析便可验证前文所提假设，具体结果如表 4-16 所示。

表 4-16　融资结构对区域经济的影响

变量	北部沿海经济区	长江中游经济区	东部沿海经济区	东北经济区	黄河中游经济区	南部沿海经济区	大西北经济区	大西南经济区
β_{1i}	0.8522	1.0127	0.9403	1.0908	0.9457	0.9083	0.8386	1.0217
$\beta_{1i}+\beta_{3i}RZJ$	0.8313	0.9875	0.8986	1.0364	0.9108	0.8794	0.8212	0.9510
β_4'	-0.0209	-0.0252	-0.0417	-0.0544	-0.0349	-0.0289	-0.0174	-0.0707
RZJ	0.3365	0.1992	0.2202	0.1667	0.1924	0.2058	0.1674	0.1856

由表 4-16 可知，由于我国各区域融资结构存在差异，货币政策及融资结构对各区域经济发展的影响也不同。从总体来看，表 4-16 中 β_4' 的数值均为负，似乎抑制了区域经济发展，但对 β_4'（各区域融资结构对区域经济的影响系数）和 RZJ（各区域融资结构均值）进行相关性分析，结果显示，直接融资占比的提高在一定条件下能促进经济发展，两者呈现一种正向关系（0.3653）。这说明在当前的经济环境中，直接融资效果尚未得到充分发挥，这与我国市场经济发展还不完善、间接融资仍占据主导地位密切相关。同时，这是当前我国各区域普遍存在的问题，各区域可通过完善市场经济机制、优化融资结构、充分发挥直接融资的作用来促进区域经济协调发展。

4. 金融资产结构对区域经济发展的实证分析

本研究认为在一定条件下非货币类金融资产价格的上升会使企业的投资和消费增加，从而增加产出，最终推动区域经济发展，并提出假设 D：在货币政策向不同区域的传导过程中，某区域非货币类金融资产越多，越能促进经济发展。为检验这一假设的真伪，选取金融资产结构指标（ZCJ）、货币政策指标（$LnM2$）及两者的交互项（$LnM2 \cdot ZCJ$）作为解释变量，区域经济开放度（KFD）、消费影响度（XFD）、投资影响度（TZD）作为控制变量，利用模型一（不考虑交互项的基础面板数据模型）和模型二（考虑交互项的基础面板数据模型）进行具体实证分析，具体模型如下：

模型一：

$$Y_{it} = \alpha_{it} + \beta_{1i}\mathrm{Ln}M2 + \beta_{2i}ZCJ + \gamma_1\mathrm{Ln}XFD + \gamma_2\mathrm{Ln}TZD + \gamma_3\mathrm{Ln}KFD + \varepsilon_{it}$$

模型二：

$$Y_{it} = \alpha_{it} + \beta_{1i}\mathrm{Ln}M2 + \beta_{2i}ZCJ + \beta_{3i}\mathrm{Ln}M2 \cdot ZCJ + \gamma_1\mathrm{Ln}XFD + \gamma_2\mathrm{Ln}TZD + \gamma_3\mathrm{Ln}KFD + \varepsilon_{it}$$

本研究利用 Stata14 对我国八大区域 2009～2018 年度面板数据进行变系数固定效应模型回归，回归结果详见表 4-17、表 4-18。

表 4-17　金融资产结构模型一回归结果

变量	北部沿海经济区	长江中游经济区	东部沿海经济区	东北经济区	黄河中游经济区	南部沿海经济区	大西北经济区	大西南经济区
LnM2	0.8702 ***	0.9688 ***	0.9143 ***	1.0176 ***	0.8994 ***	0.8790 ***	0.7597 ***	0.9775 ***
	（0.0380）	（0.0264）	（0.0186）	（0.0293）	（0.0356）	（0.0211）	（0.0303）	（0.0360）
ZCJ	0.2180	−0.2072	0.0524	0.2333 **	−0.3729	0.1520 **	−0.6984 ***	−0.4262 *
	（0.1864）	（0.1974）	（0.0945）	（0.1101）	（0.2356）	（0.0682）	（0.1340）	（0.2245）
_Cons	−1.5822 ***	−0.7903 ***	0.1087	−0.7102 ***	−0.4132 *	0.0097	−0.1285	−1.0039 ***
	（0.2018）	（0.2166）	（0.2094）	（0.2225）	（0.2295）	（0.2171）	（0.2188）	（0.2449）
KFD	0.9383 ***							
	（0.2547）							
XFD	−2.6681 ***							
	（0.2430）							
TZD	0.1714 ***							
	（0.0431）							
N	80							
r2_a	0.9979							

注：*** 、** 、* 分别表示的是1%、5%和10%的显著性水平，括号中的数值为经过调整处理后的标准误。

表 4-18　金融资产结构模型二回归结果

变量	北部沿海经济区	长江中游经济区	东部沿海经济区	东北经济区	黄河中游经济区	南部沿海经济区	大西北经济区	大西南经济区
$LnM2$	0.5914 *** (0.0953)	0.7747 *** (0.0429)	0.6992 *** (0.0759)	0.9080 *** (0.1388)	0.7398 *** (0.0680)	0.7149 *** (0.0680)	0.5593 *** (0.0573)	0.5499 *** (0.0697)
ZCJ	−2.8163 *** (0.9551)	−5.3966 *** (0.8204)	−3.7776 *** (1.3824)	−2.6919 (3.1876)	−5.6034 *** (1.6929)	−2.1726 ** (0.9784)	−5.2121 *** (1.4156)	−12.7256 *** (2.0596)
$LnM2 \cdot ZCJ$	0.6483 *** (0.2061)	1.0980 *** (0.1729)	0.7860 *** (0.2915)	0.5762 (0.6318)	1.1139 *** (0.3504)	0.4807 ** (0.2073)	1.0034 *** (0.3094)	2.6415 *** (0.4354)
_Cons	−0.2189 (0.4385)	−1.2117 ** (0.4511)	−0.1483 (0.5151)	−1.5087 ** (0.6615)	−1.0037 ** (0.4837)	−0.4894 (0.4680)	−0.5491 (0.5190)	−0.3461 (0.5595)
KFD	0.2603 (0.2447)							
XFD	−2.5979 *** (0.3049)							
TZD	0.1287 *** (0.0455)							
N	80							
r2_a	0.9988							

注：*** 、** 、* 分别表示的是 1%、5% 和 10% 的显著性水平，括号中的数值为经过调整处理后的标准误。

根据表 4-17 和表 4-18 可知，两个模型的拟合优度都较高，说明模型较稳定。两个模型中不同区域的货币政策（$LnM2$）均在 1% 的水平上显著为正，表明其对经济的发展起到正向促进作用。模型一中金融资产结构（ZCJ）方面，只有东北经济区、南部沿海经济区、大西南经济区和大西北经济区通过显著性检验，相比之下加入交互项的模型二，金融资产结构（ZCJ）的显著性较好，仅有东北经济区没通过显著性检验。

本部分研究的是在货币政策传导过程中区域金融资产结构对经济发展的调控作用。根据表 4-17 和表 4-18 中的数据可得到两个模型下我国八大区域关于金融资产结构的回归方程，分别对其进行一阶求导便可得到两个模型下货币政策对区域经济发展的影响系数，模型一中的影响系数为具体数值 β_{1i}，而模型二中的影响系数是金融资产结构的函数 $\beta_{1i}+\beta_{3i}ZCJ$，以往学者的研究方法一般是将相应样本的均值即各区域的金融资产结构（ZCJ）均值带入式中就可得到相应的影响系数。模型一和模型二的区别仅在于是否引入交互项，即考虑金融资产结构对经济发展的调控作用，其他条件都相同，因此可对两个模型下的影响系数进行做差处理，得到在我国实行统一货币政策的过程中，各区域金融资产结构对区域经济的影响系数 β_5'，之后再将其与我国各区域金融资产结构均值做相关性分析便可验证前文所提假设，具体结果如表 4-19 所示。

表 4-19　金融资产结构对区域经济的影响

变量	北部沿海经济区	长江中游经济区	东部沿海经济区	东北经济区	黄河中游经济区	南部沿海经济区	大西北经济区	大西南经济区
β_{1i}	0.8702	0.9688	0.9143	1.0176	0.8994	0.8790	0.7597	0.9775
$\beta_{1i}+\beta_{3i}ZCJ$	0.8453	0.9660	0.8885	0.9977	0.9003	0.8491	0.7555	0.9543
β_5'	-0.0249	-0.0028	-0.0258	-0.0199	0.0009	-0.0299	-0.0042	-0.0232
ZCJ	0.3916	0.1743	0.2409	0.1557	0.1441	0.2791	0.1955	0.1531

由表 4-19 可知，由于我国各区域金融资产结构存在差异，货币政策及金融资产结构对区域经济的影响也不同。从总体来看，表 4-19 中 β_5' 的数值除黄河中游经济区外其余均为负。进一步对 β_5'（各区域金融资产结构对区域经济的影响系数）和 ZCJ（各区域金融资产结构均值）进行相关性分析，结果显示，非货币类资产占比的增加并不能促进区域经济发展，甚至会阻碍区域经济发展，两者呈现一种负向关系（-0.5549）。例如，北部沿海经济区的非货币类资产占比最高（0.3916），但是其在货币政策与经济发展之间的调控作用却是负向的（-0.0249）。相反黄河中游经济区的非货币类资产占比最低（0.1441），但其并没有阻碍经济发展，甚至还促进了经济发展（影响很小）。深入分析可以发现，这与我国的经济环境有关。目前我国利率市场化程度不高、资本市场还不发达，制约了货币政策对于资产价格渠道的影响，使得信贷渠道在货币政策传导机制中占据主导地位，从而导致非货币类金融资产尚未充分发挥其对区域经济发展的促进作用。

四 小结

本章选取 2009~2018 年度面板数据，建立未引入和引入金融变量与货币政策交互项的两个变系数固定效应模型，通过对比分析实证结果并进行相关性检验最终得出如下结论。

从总体来看，在我国实行统一的货币政策下，区域金融发展在一定程度上会影响经济发展，而这种影响的方向和力度随着各区域金融状况的不同而不同，影响机制包括银行信贷、托宾 Q 传导、财富效应传导、资产负债表渠道等，并且区域金融总量和金融结构对经济发展的影响也存在差异。各金融变量及其对区域经济影响系数的相关性检验结果表明（见表 4-20），金融总量（FIR）增加及直接融资占比（RZJ）提高在一定程度上能促进区域经济发展，且相关性趋于增强；而金融市场占比（SCJ）、银行类金融机构从业人员占比（JGJ）及非货币类资产占比（ZCJ）的提高不利于区域经济发展，且后者对区域经济的影响程度大于前者。在区域金融总量和结构中，金融资产结构对区域经济的影响最大且为负；相较于金融结构，金融总量对区域经济的影响虽为正但最小（0.1752）。

表 4-20　金融变量及其对区域经济影响系数的相关性检验结果

指标	FIR	JGJ	SCJ	ZCJ	RZJ
相关性系数	0.1752	-0.4917	-0.4753	-0.5549	0.3653

从各区域金融变量来看，在黄河中游经济区、大西北经济区、东部沿海经济区和南部沿海经济区金融总量对区域经济发展起着正向促进作用；金融机构结构也在不同程度上促进了东部沿海经济区、南部沿海经济区、大西南经济区、大西北经济区和长江中游经济区的经济发展；除了长江中游和大西北经济区外，其他经济区的金融市场结构均不利于区域经济发展；融资结构对各区域经济的发展起着负向作用，且相对于其他金融结构影响较大；金融资产结构对区域经济的影响基本为负，仅对黄河中游经济区有微弱的促进作用。

表 4-21　我国各区域金融变量及其对区域经济的影响

变量	大西南经济区	东北经济区	黄河中游经济区	长江中游经济区	大西北经济区	东部沿海经济区	南部沿海经济区	北部沿海经济区
β'_1	-0.0117	-0.0404	0.0151	-0.0066	0.0118	0.0149	0.0205	-0.0177
FIR	3.2915	2.9319	2.5803	2.5779	3.8738	4.1338	3.7612	4.4882
β'_2	0.2002	-0.0981	-0.0481	0.0379	0.3545	0.0018	0.0044	-0.0083
JGJ	20.5297	34.6767	25.0921	19.2462	25.2293	35.1429	29.3349	29.4080
β'_3	-0.0136	-0.0446	-0.0014	0.0003	0.0214	-0.0280	-0.0340	-0.0393
SCJ	0.1946	0.1969	0.1990	0.2261	0.2402	0.2990	0.3570	0.4963
β'_4	-0.0707	-0.0544	-0.0349	-0.0252	-0.0174	-0.0417	-0.0289	-0.0209
RZJ	0.1856	0.1667	0.1924	0.1992	0.1674	0.2202	0.2058	0.3365
β'_5	-0.0232	-0.0199	0.0009	-0.0028	-0.0042	-0.0258	-0.0299	-0.0249
ZCJ	0.1531	0.1557	0.1441	0.1743	0.1955	0.2409	0.2791	0.3916

从各区域来看，对于大西南经济区来说，除金融机构结构（JGJ）外，其他金融变量对其经济发展均有一定的负向作用，说明该地区金融机构的规模还有待扩大；东北经济区和北部沿海经济区的金融总量和金融市场结构均对经济发展起着负向作用，只是作用强度有所不同；在黄河中游经济区，金融总量和金融资产结构有利于促进经济发展，其中金融资产结构的促进作用较小；金融机构结构和金融市场结构对长江中游经济区的经济发展有促进作用；在大西北经济区，金融总量、金融机构结构、金融市场结构均对经济发展有促进作用，其中金融机构结构的促进作用最大，高达 0.3545；东部沿海经济区和南部沿海经济区的情况类似，金融总量和金融机构结构对经济发展起着正向的促进作用，且金融机构结构的促进作用较为微弱。

第五章　货币政策的双重属性
　　　与结构性货币政策实践

前文主要对产业结构、金融结构在货币政策传导中的作用进行了分析，论证了我国货币政策对区域经济发展具有调整作用，这与目前西方经典的货币政策理论是相悖的，即西方现代货币政策理论认为货币政策是总量性的，不能够调整经济结构。为此，有必要厘清货币政策的本质属性，即货币政策具有总量性与结构性双重属性，我们不妨从历史的视角探讨货币政策，用历史的长焦镜头审视货币政策这个我们熟悉又陌生的宏观调控手段。

第一节　西方货币政策理论回顾

一　西方货币政策理论简要评述

（一）早期的货币数量论和"累积过程"理论

从经济理论的角度看，萨伊定律是传统货币数量论的基石，以总需求与总供给的恒等关系作为逻辑起点，从不同角度对货币数量的经济规律进行探究，其中费雪从宏观层面进行的相关探索形成了现金交易数量论，马歇尔、庇古则从微观主体的经济行为的角度进行探索从而使得现金余额数量论得以诞生。他们坚持古典经济学的理论假设，认为经济始终处于充分就业状态，推导出货币量变化会导致社会价格水平变化，即货币是覆盖在实际经济活动之上的一层面纱，货币传导机制理论已在其思想中孕育。古典经济学对货币中性的假设，也影响了费雪等学者，使其忽略了对货币数量中结构性因素的分析，只是通过费雪方程式与剑桥方程式对货币传导机制进行简单、静态的表述。"累积过程"理论是由瑞典经济学家维克塞尔创立的，他是西方经济学界第一个否定萨伊定理和货币面纱观的人，认为货币并不是罩在实体经济上的一层面纱，它在媒介商品交换的同时，也促进储蓄向投资转化，货币并非在任何时候都是中性的。引起货币非中性的原因在于货币利率与自然利率的背离。货币非中性是经济的常态，货币的均衡是金融健康运行的前提。遗憾的是，维克塞尔并没有将其对货币政策传导机制的思考从经济理论中分离出来，使货币政策传导机制理论早日出现，但他在思考货币价值这一问题时加入了时间变量，实现了货币数量理论由静态分析向动态分析的飞跃，极大地启发了其他经济学家（如凯恩斯等）。

（二）凯恩斯货币政策理论

在经济学发展史上，凯恩斯对货币政策理论做出了突出贡献。他是对货币政策理论进行系统研究、归纳的第一人，是现代意义上货币政策理论的奠基人。凯恩斯的货币政策理论明确了货币政策的含义、目标、传导机制和有效性等内容，并且他在货币政策传导机制方面的研究具有首创性。凯恩斯对货币需求函数做了重新定义，提出流动性偏好理论，并将利率视为引发货币需求变化的重要内生变量。凯恩斯对利率的重视贯穿于其分析货币政策与经济发展之间关系的全过程，他认为在既定的流动性偏好（即货币需求函数）下，货币供应量的增加导致市场利率下降，而在既定的资本边际效率下，更低的利率有利于刺激投资增加，并通过投资乘数效应导致产出增加。他认为在货币政策传导机制中利率是核心，货币政策基于利率发挥作用的关键途径有两条：一是货币与利率的关系，即流动性偏好；二是利率与投资的关系，即投资利率弹性。美中不足的是，凯恩斯缺乏对经济体系中结构性因素的详细分析。首先，他忽略了金融资产与金融市场的层次性与结构性。他构建的流动性偏好理论是基于资本市场完善性与金融市场同一性，将微观主体的资产选择限定为长期债券和现金，并假设人们能够以零成本实现长期债券与现金的相互转换。其次，他对货币政策传导机制的分析以金融市场为主，没有考虑商业银行等金融机构在货币政策传导中所发挥的作用。他对商业银行的作用认识不足，认为商业银行仅是提供存款凭证、交易手段的中介，是微观主体经济往来的代理人，其行为是针对其他经济主体行为的被动反应，因此中央银行的货币政策意图能够自主传导下去。这限制了他对货币政策传导机制的认识。最后，他忽视了各经济主体利率敏感性在投资、储蓄、消费、行业、产业等方面的差异，认为只要利率下降，社会消费和投资就能够增加，从而社会总需求与社会总供给增加。这使得他的研究成果在理论与现实之间存在隔阂。

（三）托宾的货币传导机制理论

相较于凯恩斯，托宾在分析货币政策传导机制时对结构性因素更加重视。首先，根据不同的经济形态，将整个社会经济分为金融部门和实体经济部门，而金融部门又由股票市场、债券市场、金融机构组成；其次，金融资产不再是简单的长期债券和现金，而是包括现金、国债、企业债、股票、商业票据、银行存款，且它们之间的替代程度不同；最后，利率是金融资产的价格，是引导资源合理配置的工具。然而，不同于凯恩斯理论对利率的单一性规定，托宾认为利率的多元性源自金融资产的多样化。托宾虽对整体经济进行了初步的结构性分析，但忽略了金融部门结构性与实体经济部门结构性对货币政策传导机制的影响。

（四）货币学派

与凯恩斯学派不同，以密尔顿·弗里德曼为代表的货币学派对利率与货币政策传导机制有着截然相反的认知。他们认为利率在货币政策传导中保持中性，利率并不是影响货币需求函数的决定性因素，货币需求函数具有内在稳定性。货币学派的经济学家认为货币数量而非货币价格在整个传导机制中具有直接作用，公众资产结构会随中央银行货币供应量的变化而变化。他们还认为货币在短期是非中性的而在长期是中性的，货币供应量对产出的影响只是在短期有效；在长期，货币供应量会随社会价格水平的变动而变动，却并不会影响长期经济产出水平，技术、劳动力等经济要素才是经济长期增长的关键。货币的具体流向受实体经济结构的影响，然而，货币学派的理论忽略了现实社会中金融市场的不完善与经济、金融结构的差异性。

（五）新凯恩斯主义

新凯恩斯主义的货币政策传导机制理论继承并发展了凯恩斯和托宾的货币政策传导机制思想。凯恩斯和托宾在货币政策传导机制的研究中主要是在强度上就货币政策对实体经济的影响进行了考量，缺乏从结构与时间角度的分析；并且他们聚焦金融市场的作用，在不同程度上忽视了金融机构与信贷市场的作用。鉴于凯恩斯与托宾的研究不足，新凯恩斯主义者在探讨货币政策传导机制时将结构性因素放在了更加重要的位置。第一，在银行信贷渠道，新凯恩斯主义者主要从资金供给者即贷款人的角度对信贷传导机制进行了分析。①物价与劳动力价格存在名义刚性。②对企业而言，以银行信贷为代表的间接融资与在金融市场上以发行证券为代表的直接融资是同等重要的，二者不能相互替代。由于企业结构与金融体系的不完善，一些企业无法从金融市场中获得融资，只能依赖银行信贷。新凯恩斯主义者考虑到了货币政策传导过程中的企业结构性因素。③法定存款准备金制度的存在使得中央银行的政策能够对商业银行的信贷供给产生直接影响。新凯恩斯主义者考察了商业银行的结构性对货币政策传导效果的影响。第二，在资产负债渠道，新凯恩斯主义者认为央行的货币政策调整不仅使得原有市场的均衡利率发生改变，还对借款人的金融地位产生直接或间接的影响。净资产是衡量借款人金融地位的重要指标，借款人的金融优势地位能够使其在大额融资中较有利，或在其债券发行中得到金融机构的大额担保。所以，货币政策对不同类型企业的影响是存在差异的。

在以上货币政策传导机制的理论沿革中，我们了解到西方经济学家对于货币政策传导过程中的结构性影响因素大致沿两条线索进行划分。其一，从货币政策作用的微观经济主体来看，主要的影响因素有企业的结构（包括企业类型、企业融资方式差异）、商业银行的结构（包括商业的类型、商业银行的资产结构差异）以及投资者和消费者对利率的敏感性（货币需求的利率弹性差异)。其二,从货币政策传导的中间过程看,金融资产结构和金融市场结构差异是影响货币政策传导的重要的结构性因素。而正是这些结构性因素的影响,使得统一的货币政策效力在中央银行—金融市场、商业银行—企业、消费者—国民收入的传导过程中难以充分发挥,促使各国在实践中通过制订结构性货币政策予以应对和弥补。

二 西方总量性货币政策的历史渊源

纵观西方经济理论的发展,货币政策在现代西方经济学中多以总量性政策的面貌出现,传统理论中有关货币政策对经济结构影响的论述较少。萨伊定律是传统货币数量论的基石,坚持总供给与总需求间的恒等关系,以充分就业作为理论研究的前提,认为货币并不影响社会实际产出,而仅仅影响社会价格水平。货币政策传导机制理论在其中孕育。但早期学者只是对其进行简单、静态的分析,忽视了结构性因素在货币传导机制中的作用。凯恩斯对货币政策理论进行了先导性的总结,对货币政策的含义、目标、传导机制和有效性等内容进行了系统思考。利率是凯恩斯分析货币政策与实体经济之间关系时的关键因素。他将利率放在货币传导机制的核心位置,货币政策基于利率渠道,通过流动性偏好与投资利率弹性这两个关键途径传导。缺乏对经济结构性因素的分析是凯恩斯经济理论的一大缺陷。①忽视了金融资产与金融市场各自的结构性,对资本市场的缺陷与资本市场、金融市场结构存在的差异性视而不见,并以资产形态的完美转换作为流动性偏好理论的基础;②忽视了以商业银行为代表的间接融资渠道在货币政策传导中的作用,片面重视直接融资渠道对货币政策的影响;③认为利率敏感性在投资、储蓄、消费、行业之间存在一致性,简单地认为利率的变动会使经济主体的投资决策与消费决策发生改变,进而使社会总需求与社会总产出变化。与凯恩斯相比,托宾更重视从结构性角度分析货币政策传导机制,但忽略了金融部门与实体经济部门的结构性影响。弗里德曼作为货币学派的开派宗师,对于利率在货币政策传导中的作用提出了质疑,认为利率对内在稳定的货币需求函数不会产生影响,货币供应量才是整个传导机制的核心因素。他主张央行应运用数量型货币政策而非价格型货币政策在短期对经济结构进行调整，同时强调数量型货币政策在长期经济调整中的无效性。以弗里德曼为代表的货币学派在研究货币政策传导理论时仍强调假设金融市场的完善性与金融、经济结构的统一性，而对于社会经济在客观上的结构性考虑不足，其仍未打破传统货币数量理论的桎梏。

三　总量性货币政策充分发挥作用的条件

在发达资本主义国家中，货币政策是政府熨平经济周期、进行宏观经济调控的重要工具，且在现实的应用中货币政策被认为是总量性的，与结构性的财政政策相互配合使用。实际上，在这种认知的背后隐含了具体的条件，对其进行分析有益于我国现阶段对货币政策的理论认识和实践运用。

条件之一：总量性货币政策都是以完善的市场经济制度为隐含条件、以金融市场结构的统一性为前提，而我国正处在经济转轨时期，社会主义市场经济体制还有待完善，缺乏统一、多元、高效、诚信的市场体系，无论是制度环境、金融体系、信用意识，还是企业创新能力、区域发展水平都无法与发达资本主义国家相比，研究中国货币政策相关问题必须结合实际的国情，特别是要考虑制度环境和结构性因素。

条件之二：总量性货币政策作用的有效发挥依赖于微观经济主体对利率的敏感性，在我国当前利率市场化程度较低的情况下，利率还不能作为资源合理配置的有效工具。

条件之三：总量性货币政策的效力也是以经济的均质性为前提的，而目前我国国民经济存在严重的结构不平衡现象，居民、产业及区域之间存在较大差异，限制了总量性货币政策的经济调控作用与效果。

条件之四：总量性货币政策在客观上对传导渠道的多样化提出了要求。中国人民银行在 1998 年取消贷款规模限制以后，我国传统的信用供给渠道的地位更加突出，而新的利率渠道、资产结构渠道、财富渠道、股票市场渠道有待建立和发展，这也是制约总量性货币政策发挥效用的重要因素。

总之，货币政策传导过程中所受的结构性影响因素大致可以按照两种方式划分，其一，从货币政策作用的微观经济主体来看，主要的影响因素有企业的结构（包括企业类型、企业融资方式差异）、商业银行的结构（包括商业银行的类型、商业银行的资产结构差异）以及投资者和消费者对利率的敏感性（货币需求的利率弹性差异）。其二，从货币政策传导的中间过程看，金融资产结构和金融市场结构差异是影响货币政策传导的重要的结构性因素。而正是这些结构性因素的影响，使得统一的总量性货币政策的效力在中央银行—金融市场、商业银行—企业、消费者—国民收入的传导过程中难以充分发挥，必须采取结构性措施予以应对和弥补。

第二节　国外货币政策促进区域经济协调发展的实践

一　美国的结构性货币政策实践

美国东部、西部经济存在巨大的不平衡，为了促进西部等欠发达地区的经济发展，美联储采取了一系列极具针对性的货币政策，归纳为以下几点。第一，对地区差异进行充分考虑，在管理政策中综合各方意见，建设有差异的金融管理体制。首先，金融体系在地区和规模上的差异，对法定准备金率实行差别化管理。其次，充分考虑不同情况，对各地区商业银行资本金管理提出不同要求。最后，根据商业银行在经营机制和所处地区方面的差异，对其库存现金和备付金实行差别化管理。第二，在美联储建立初期，美国区域经济发展不平衡问题较为突出，金融发展也存在区域不平衡问题，美联储相对分散的体制使其不同辖区的储备银行能够为各自区域的经济发展提供资金支持，根据辖区的银行和信贷状况，单独设定贴现率，这促进了美国经济的均衡发展。第三，鼓励地方性商业银行采取单一制组织形式，满足地方建设资金需要。弗雷德里克·米什金认为，如果将银行业看作一个整体来考察其结构和经营，美国是十分独特的。在大部分国家，通常是4~5家大银行支配了整个银行业。但在美国，有大约7000家商业银行、1200家储蓄和贷款协会、400 家网络储蓄银行以及 8000 家信用社。单一银行制有利于地方银行与其所在地区经济发展形成密切联系，促进区域经济发展，并使得货币政策在全国得到充分贯彻。第四，针对社会投资活动制定法规，为保护地方经济利益提供法律基础。社区投资法规定，商业银行的资金首先要用于满足当地经济发展需要，其次要拨出一部分专项资金用于支持银行所在地黑人以及贫穷居民的经济活动。社区投资法对商业银行跨州经营、资金的对外扩张做了详细规定，严格限制了商业银行的扩张行为。第五，采用政策性金融手段，扶助落后地区发展。为促进落后地区经济发展，美国不仅通过制定政策法规等来严格管理商业银行贷款流向，还直接创办了一些政策性信贷机构，通过这些机构，国家资本直接参与存贷款业务活动，使政府对一些地区的调控力度增加。20 世纪 30 年代经济危机后，美国通过了《联邦信贷纲要》，先后成立了美国进出口银行、各类农业信贷机构以及住宅建设信贷机构。这些金融机构的行政色彩重，促进了落后地区的经济发展，并对这些地区的基础设施建设做出了突出贡献。

2008 年国际金融危机使得一些国家陷入"流动性陷阱"，资金无法进入实体经济，传统的货币政策几乎失效。为了抑制经济恶化、振兴实体经济，美联储采取了非常规的结构性货币政策操作。①定期贷款拍卖（TAF）。满足一定条件的存款机构可以向美联储借入抵押贷款，美联储规定的合格抵押品种类包括国债、政府支持的企业债、市政债、覆盖债券、商业票据、企业债券、消费贷款、抵押贷款等，通过拍卖来确定贷款的利率，贷款期限为28~84 天。②定期证券借贷便利（TSLF）。这是美联储为给证券交易商提供流动性而开展的货币政策操作。证券交易商以合格的证券商品作为抵押品，通过公开竞标的方式获得美联储提供的国债，从而获得更高的流动性支持。③商业票据融资工具（CPFF）。这是美联储向金融机构和企业提供融资支持的货币政策操作，SPVs 直接向合格发行者购买评级高的短期资产以支持商业票据。④定期资产支持证券贷款工具（TALF）。一些机构可以将 AAA 级的资产支持证券用于抵押，向美联储申请中长期贷款，以此来增强信贷的可得性。美国通过结构性货币政策工具激发了市场活力，为不同的金融机构注入了流动性，从而促进了实体经济融资，稳定了市场信心，缓解了金融危机带来的影响。

二 日本的结构性货币政策实践

20世纪初，随着银行承兑汇票市场的形成，日本为支持企业的发展，开展了盖章票据再贴现的货币政策实践，厂商只需提供关于购买、花费的证明材料就可获得资金支持，只要提供附有日本银行印章的合格票据就可进行再贴现，并在市场上流通；二战后，日本为了实现经济快速复苏、振兴工业、确保粮食安全，开展了工业票据再贴现和农业票据再贴现的操作。2008年国际金融危机爆发，为给实体经济注入一定资金，促进经济复苏，日本央行推出了贷款支持计划。该计划包含两个结构性货币政策工具。①促增长，强化融资便利。日本央行明确了医疗护理、可再生能源、旅游等18个高增长行业，并对为这些行业的企业提供贷款和投资支持的金融机构提供贷款，且1年期利率只有0.1%，这些高增长行业的企业可以动产或者不动产作为抵押品来申请贷款。而后日本央行对该计划进行了修正，并将针对18个特定行业发放的贷款规模扩大到2万亿~5.5万亿日元，延长期限至两年，贷款业务范围也进一步扩大；2014年2月，日本央行又将贷款规模扩大到原定计划的一倍，期限再延长一年，并不断强化量化宽松政策，鼓励针对特定领域的贷款发放以刺激经济复苏。②强化银行借贷便利。为鼓励银行扩大对企业和家庭的贷款规模，在银行提供担保的前提下，日本央行对其发放中长期贷款，且贷款的利率参考贷款发放日的无担保隔夜拆借利率这一较低利率（计划出台时利率仅为0.1%），贷款期限最长为4年。该计划的放贷总规模不设上限，贷款的具体金额根据银行对企业和家庭发放的日元及外币贷款的净增长额来确定。2014年2月，日本央行将强化银行借贷便利的贷款规模扩大到30万亿日元，期限再延长一年，以较低的资金成本强化银行对企业和家庭的放贷行为，引导资金注入实体经济。同时，该计划也包含了激励相容机制，以此来引导资金流向特定行业和领域，企业以历史最低水平的利率来获取资金支持，降低了融资成本，增强了实体经济活力。计划实施后，日本的失业率大幅下降，经济增速持续回升。这个典型的结构性货币政策的操作为日本经济复苏起到了助推作用。

三　英国的结构性货币政策实践

欧债危机后，英国经济陷入困境，2011年末失业率达到十年来最高水平，经济增速持续下降，信贷市场利率持续走高，金融机构的筹资成本较高，家庭和中小企业部门融资较为困难。在传统的货币政策失效的情况下，为了缓解信贷市场紧缩、解决私人部门融资难题、扭转经济下滑趋势，2012年7月英格兰银行和财政部联合出台了融资换贷款计划（FLS）。该计划期限为四年，贷款规模达到800亿英镑。英格兰银行规定合格的抵押品范围和种类及其对应的折价率，主要包括公司贷款、中小企业贷款等低流动性抵押品，金融机构向英国央行提供合格的抵押品并支付一定利息，以此换取高流动性的资产——国债，金融机构可以将国债作为抵押品在回购市场上融入资金或者出售国债获得资金，到期后再归还央行国债。

融资换贷款计划已实施两期，第一期为2012年6月至2014年1月，参与的主体为英国的银行和房屋贷款协会，贷款对象为住户、企业等实体经济部门；第二期为2014年1月至2016年1月，将非银行金融机构也纳入参与机构范畴，支持对象范围缩小为中小企业。为激励金融机构向实体经济注入更高的流动性，英国针对融资换贷款计划配套制定了激励相容机制。一是金融机构对实体经济的新增贷款量越大，则金融机构的额外融资额度越高，成本就越低；二是金融机构对实体经济的新增贷款量越大，则金融机构所需缴纳的手续费用就越少；三是金融机构对企业的净贷款量越大，可以获得的借贷津贴就越多。英格兰银行通过融资换贷款计划增加了商业银行的信贷投放量，促使各项市场利率下降，有效改善了金融市场流动性枯竭状况。2013年，英国经济逐渐回暖，经济增速不断提高，就业形势好转。2014年，英国的失业率创国际金融危机以来最低水平，银行对中小企业的贷款规模增加，缓解企业面临的融资难问题，促进了实体经济的发展。

四 欧元区的结构性货币政策实践

20 世纪 70 年代，为了阻止融资流入，防止破坏本国经济的稳定发展，德国联邦银行临时规定只允许银行使用一定比例的再贴现额度，不允许全部使用。到 1990 年 7 月东德和西德完成货币统一后，由于东德经济发展水平与西德存在较大差距，为了支持东德经济的发展，德国联邦银行制定了结构性货币政策：一方面降低东德银行的再贴现率；另一方面加大对东德银行的资金支持力度，提高东德银行的再融资额度。随后，德国联邦银行根据商业银行不同的存款类型制定了差别化的存款准备金率，分别规定了定期负债、储蓄存款、活期存款的最低存款准备金率。对货币政策的灵活使用使得德国经济在规模与结构上实现了均衡发展，并在全球竞争的背景下获得优势。

2013 年以来，欧元区经济出现负增长，失业率大幅上升，利率传导机制不通畅，中小企业的融资成本过高，资金没有流向实体部门。2014 年 6 月，欧央行推出定向长期再融资操作（TLTRO），并规定合格抵押品及其折价率，抵押品的种类主要包括政府债券、公共机构债券、覆盖债券、ABS、企业债券以及各类贷款等，贷款总规模达到 800 亿英镑。满足欧央行贷款基准要求的金融机构可以用合格抵押品作抵押，以超低利息（0.25% 的利率）获取欧央行的再贷款，期限为四年。银行获得贷款资金后，可以将资金直接贷给家庭和企业（不包含住房抵押贷款）或者进行直接融资，确保资金流向中小企业等实体经济。定向长期再融资操作的实施计划也分为两个阶段，共八轮。第一阶段于 2014 年 9~12 月执行，第二阶段于 2015 年 3 月至 2016 年 6 月执行，欧央行以 MRO 利率为基准规定资金使用价格。其激励机制与英格兰银行的融资换贷款计划相似，银行的贷款发放量越大，欧央行对其流动性释放就越大。欧央行通过制定较低的"基准"来鼓励银行增加放贷规模。同时，对于没有按照欧央行规定投放合格贷款的存款机构，欧央行也制定了相关惩罚规定。

TLTRO 实施以来，经济增速有一定程度的回升，私人部门的融资成本有所下降，这为金融体系注入了流动性，推动了信贷市场的复苏，也在一定程度上推动了欧元区经济恢复，但是也存在不足之处，如相关配套措施不齐全、贷款不足、惩罚力度不够等，使得该计划的实施没有达到预期效果。在对中小企业提供资金支持方面，该计划并没有显著增加实体经济部门的信贷供给。

五　匈牙利的结构性货币政策实践

受国际金融危机和欧债危机的影响，匈牙利经济出现负增长，即便实施宽松的货币政策也无济于事，为此，匈牙利央行推出促增长融资计划（FGS）。该计划分为两阶段执行，分别为 2013 年 6 月和 2015 年 3 月。匈牙利央行对融资计划做了相关说明，参与机构主要为信贷机构，资金投向中小微企业，资金利率最高不超过 2.5%，对获得资金的使用要求、期限、信贷机构的分配方式等做出了规定，同时制定了配套的激励机制和惩罚机制。该计划实施后，匈牙利经济增速呈上升趋势，失业率持续降低，大部分资金流向不同领域的中小微企业，激发了实体经济部门的活力，拉动了企业投资，有力地推动了经济回暖。但该政策也存在局限性，如贷款对象仅限于中小微企业、缺乏监管部门和税收部门的相关配套政策等，还可能会引发企业道德风险。

第三节　中国传统与新型结构性货币政策实践

一　传统的结构性货币政策工具

（一）差别存款准备金率

鉴于我国区域经济发展不协调，央行有必要实行结构性货币政策，中国人民银行从 2004 年 4 月 25 日起就开始实行差别存款准备金率制度，针对中小型金融机构和农村金融机构设定较低的存款准备金率，针对发达地区的存款准备金率略高，不发达和欠发达地区的存款准备金率略低。差别存款准备金率制度的主要内容是金融机构适用的存款准备金率与其资本充足率、资产质量状况等指标挂钩。金融机构资本充足率越低、不良贷款比率越高，适用的存款准备金率就越高；反之，金融机构资本充足率越高、不良贷款比率越低，适用的存款准备金率就越低。其主要目标：一是调节商业银行流动性，帮助其防范经营风险；二是对于商业银行等金融机构起到一定的警示作用；三是使商业银行经营管理更为审慎。具体实施中存在的情况可以分为以下几种。

基于资本充足率的差别存款准备金率：中国人民银行从 2004 年 4 月 25 日起对金融机构实行差别存款准备金率制度，资本充足率低于 4% 的商业银行的存款准备金率提高 0.5 个百分点，按 7.5% 的存款准备金率执行，相应收缩了其贷款总量以控制不良贷款比率，一定程度上限制了风险类金融机构风险资产规模的扩张。

基于金融机构类型（大型、中小型）的差别存款准备金率：2003 年以来，中国人民银行对城乡信用社等金融机构所执行的存款准备金率与其他商业银行有所不同。2003 年 8 月 22 日，中国人民银行将存款准备金率由原来的 6% 上调至 7%，但城乡信用社等金融机构执行的存款准备金率仍然为 6%。2005 年以来，农村信用社等金融机构的存款准备金率与国有商业银行的相差值由 0.5 个百分点逐渐扩大到 7 个百分点左右。至今，大型金融机构和小型金融机构的存款准备金率一直存在差异，大型金融机构的存款准备金率一般高于中小型金融机构约 2 个百分点。从 2019 年 5 月 15 日开始，中国人民银行决定对聚焦当地、服务县域的中小型商业银行等金融机构实行较低的优惠存款准备金率制度，执行与农村信用社相同档次的存款准备金率，该档次为 8%。

基于"惩罚"的差别存款准备金率：2010 年 1 月 27 日，中国人民银行要求以下商业银行增加存款准备金的缴存额，包括中国工商银行、中信银行和光大银行。其原因是 2010 年前两周这些银行盲目扩张贷款规模，造成新增贷款幅度较大。2010 年 10 月 11 日，央行通知中国工商银行、中国农业银行、中国银行、中国建设银行、招商银行、中国民生银行实行差别存款准备金率，将存款准备金率上调 50 个基点，期限为 2 个月。其原因是这些银行不能达到央行的"信贷平稳投放"的要求，资产快速扩张，对于贷款的投放过于冒进，造成资本充足率下降。

我国实施差别存款准备金率制度以来，商业银行对自身经营目标进行了调整，完善了内部治理制度，改善了部分盈利性指标、流动性指标和安全性指标，使整体盈利水平和控制风险能力得以提升，有效地抑制了不良扩张行为。但关键指标没有得到根本性改善，部分商业银行仍然存在资本充足率较低、不良贷款比率较高、存贷款比例增速较快、中长期贷款比率和对流动负债依赖性比率明显超标、风险加权资产比率恶化等问题，表明其风险控制能力和资产总体质量仍然没有得到显著提高，与其业务发展状况极不相符，应该对差别存款准备金率制度的实施效果作进一步观察。

（二）定向降准

定向降准是针对某一行业和领域，央行专门实施降低存款准备金率的政策，刺激商业银行对该行业和领域的放贷，以扶持该行业和领域发展的普惠政策。这意味着该行业和领域融资成本可以降低，获得充足的资金从而快速发展，这也是促进新兴产业和重要建设和领域发展的重要举措，有利于调整优化经济结构。定向降准考核机制于 2014 年由中国人民银行引进，通过对符合审慎经营要求且"三农"或小微企业贷款达到一定比例的商业银行实行优惠准备金率制度，并按年根据商业银行对"三农"或小微企业贷款的投放情况，动态调整其准备金率，建立促进商业银行信贷结构优化的正向激励机制，对"三农"和小微企业等重点领域和行业着重予以支持，鼓励信贷资金流入"三农"和小微企业，具体实施情况如下。

2014 年 4 月我国对所有的县域农村商业银行和县域农村合作银行实施定向降准，准备金率分别下调 2 个和 0.5 个百分点，中国人民银行发挥信贷政策支持再贷款的作用，包括支农再贷款和支小再贷款，通过优惠利率降低实体经济融资成本，引导金融机构扩大针对小微企业、"三农"的信贷投放量，缓解"融资难、融资贵"问题，增强金融机构支持"三农"和小微企业的能力。

2018 年 1 月 25 日，聚焦单户授信 500 万元以下的小微企业贷款、个体工商户和小微企业主经营性贷款，以及农户生产经营、创业担保、建档立卡贫困人口、助学等贷款，凡前一年上述贷款余额或增量占比达到 1.5% 的商业银行，存款准备金率可在中国人民银行公布的基准档的基础上下调 0.5 个百分点；前一年上述贷款余额或增量占比达到 10% 的商业银行，存款准备金率可按累进原则在第一档基础上再下调 1 个百分点。实施普惠金融的定向降准政策对优化信贷结构的正向激励机制起到了积极的作用，有助于优化资源配置，使资源向普惠金融流动。

2018 年 4 月 25 日起，下调大型商业银行、股份制商业银行、城市商业银行、非县域农村商业银行、外资银行人民币存款准备金率 1 个百分点；同日，上述银行将各自按照"先借先还"的顺序，使用降准释放的资金偿还其所借央行的中期借贷便利。这加强了金融机构对小微企业的支持力度，进一步提升了银行体系的资金稳定性。

2019 年 10 月 16 日起，符合审慎经营要求且"三农"和小微企业贷款达到一定比例的商业银行将下调存准率 0.5 个百分点。同时，财务公司、金融租赁公司和汽车金融公司也下调存准率 0.5 个百分点。进一步引领金融机构更好地满足"三农"和小微企业的资金需求，使更多的小微企业受益。

（三）其他差别化的传统货币政策

对于产业结构调整中的主导产业实施差别化货币政策，通过进出口信用调节、行业政策性信贷支持国家的基础产业和支柱产业发展，加大投资，着力培育和发展电信、住房、教育、旅游、轿车等产业；对于中西部资源性行业发展给予更多的政策、资金、技术等支持，适当降低贷款利率，增加对具有地方特色、资源优势项目的贷款投入。支农再贷款方面，2014 年 3 月，中国人民银行印发《关于开办支小再贷款支持扩大小微企业信贷投放的通知》。中国人民银行还增加了支农再贷款的额度用于支持"三农"发展。

二 新型的结构性货币政策工具

（一）常备借贷便利(Standing Lending Facility，SLF)

借鉴国际经验，中国人民银行于 2013 年初创设了常备借贷便利，主要是为了满足金融机构期限较短（1~3 个月）的大额流动性需求。主要对象为全国性商业银行和三大政策性银行，并且覆盖了我国全部的存款金融机构利率水平。

常备借贷便利通常由金融机构根据自身的流动性主动发起，与中国人民银行进行"一对一"交易，通过向中国人民银行抵押的方式申请，抵押品主要是国有制信贷资产和国债、央行票据、政策性金融债等具有高信用评级的债权类资产，但中国人民银行会通过设定一定的抵押率来对风险进行控制，并且其中的利率会在综合考虑货币政策调控、引导市场利率的需要等因素后予以确定。

（二）中期借贷便利(Medium-term Lending Facility，MLF)

中期借贷便利于 2014 年 9 月由中国人民银行创设，发放对象与 SLF 一致，与 SLF 最大的区别就是期限较长，一般是 3 个月、6 个月、1 年。临近到期可重新约定利率并展期，合格抵押品以高信用评级的债券（包括国债、央行票据、政策性金融债等）为主。央行要求金融机构通过 MLF 渠道申请而来的贷款资金投向"三农"和小微企业等重点领域和薄弱环节。

（三）定向中期借贷便利(Targeted Medium-term Lending Facility,TMLF)

定向中期借贷便利可以理解为"加强版"的 MLF，相较于中期借贷便利，期限更长、利率更低、投向更明确，是定向提供中期基础货币的货币政策工具，于 2018 年 12 月创设、2019 年 1 月首次实施。申请的主要对象是符合宏观审慎要求、资本较为充足并且资产质量健康的大型商业银行、股份制商业银行以及大型城市商业银行。中国人民银行确定向金融机构提供定向中期借贷便利的金额依据，主要考虑金融机构服务于实体经济的力度，尤其是服务于民营企业和小微企业的情况，并与金融机构的实际需求相结合。TMLF 的降息效果更多地体现在银行间货币市场。TMLF 与 MLF 的主要区别有：①期限不同，MLF 是三个月至一年期，TMLF 是一年期，但可续做两次，最长实际使用期限可达三年；②利率不同，一年期 MLF 利率是 3.3%，而最长三年期的 TMLF 利率为 3.15%，优惠 15BP；③操作对象不同，MLF 的操作对象更广泛，更具有普适性，主要目的是补充基础货币，TMLF 的操作对象则更加看重金融机构支持实体经济的力度，特别是对小微企业和民营企业的贷款情况及其获得央行资金后进一步增加对小微企业、民营企业贷款额度的潜力。

2019 年 4 月 14 日，央行开展了 2019 年第二季度定向中期借贷便利操作。操作对象为符合宏观审慎要求、资本较为充足且资产质量健康并提出申请的大型商业银行、股份制商业银行和大型城市商业银行。操作金额根据有关金融机构 2019 年第一季度小微企业和民营企业贷款增量并结合其需求确定为 2674 亿元。虽然期限为 1 年，但到期后可以根据金融机构的需求再连续申请两次，实际的期限为 3 年。利率为 3.15%，比中期借贷便利（MLF）利率优惠 15 个基点。

（四）抵押补充贷款（Pledged Supplementary Lending，PSL）

抵押补充贷款作为一种新的结构性储备政策工具，由中国人民银行于 2014 年创设，商业银行主要是以抵押的方式向中国人民银行申请，其中的合格抵押品也是以高信用等级的债券（包括国债、央行票据、政策性金融债等）为主。其有两层含义，首先从量的层面，是投放基础货币的一个新渠道；其次从价的层面，通过商业银行抵押资产从央行获得融资，借由抵押补充贷款的利率水平引导和调控中期政策利率，中国人民银行结合对短期利率的控制，有助于推进利率市场化。抵押补充贷款和再贷款非常类似，再贷款是中国人民银行为实现货币政策目标而对金融机构发放的贷款，是一种无抵押的信用贷款，不过再贷款具有行政性和被动性，是指某家金融机构出了问题才会被投放再贷款。由于各种原因，中国人民银行未来可能在很大程度上用抵押补充贷款来取代再贷款。

2014 年 7 月中国人民银行拨给国家开发银行 1 万亿元的 PSL 额度用于支持棚户区改造和保障房建设等项目。2015 年中国人民银行将抵押补充贷款的发放对象扩大为三大政策性银行，提供抵押补充贷款近 7000 亿元，截至 2017 年，抵押补充贷款余额已高达 2.1 万亿元。

（五）短期流动性调节工具（Short-term Liquidity Operations,SLO）

回购操作是中国人民银行最主要的公开市场操作。根据交易的方向回购操作可分为正回购和逆回购。正回购是中国人民银行向一级交易商卖出有价证券，并约定在未来某个特定的日期购回有价证券的交易行为。正回购为央行从市场收回流动性的操作，正回购到期则为央行向市场投放流动性的操作。而逆回购是中国人民银行向一级交易商购买有价证券，并约定在未来某个特定的日期将有价证券卖给一级交易商的交易行为。逆回购为央行向市场投放流动性的操作，逆回购到期则为央行从市场收回流动性的操作。

2012 年 6 月之前，央行主要是通过调整法定存款准备金率的方式来调节商业银行系统乃至整个社会的流动性。不过法定存款准备金率不可能频繁调整，这就造成了货币政策的灵活性不足。2012 年 6 月之后，央行开始频繁使用正回购、逆回购这种短期的公开市场操作手段对资金面进行调节。

短期流动性调节工具指的是央行为冲抵银行系统的短期流动性波动而实施的一种特别的公开市场操作。2013 年 1 月 18 日，央行发布《公开市场业务公告〔2013〕第 1 号》，正式推出公开市场短期流动性调节工具（SLO），并在 6 月 7 日首次实施了公开市场 SLO 操作。自此，央行打破了在周二和周四进行公开市场操作的惯例，转而有可能在周一、周三或周五启动公开市场 SLO 操作。

作为公开市场常规操作的必要补充，SLO 是短期的逆回购，以不超过 7 天期的回购交易（正、逆回购）为主，遇节假日可适当延长操作期限，操作时采用市场化利率招标方式。其中的超短期品种是隔夜回购等。但遇节假日可适当延长操作期限。至于操作时机、操作规模及期限品种的选择，央行将根据货币调控需要，在综合考虑银行体系流动性供求状况、货币市场利率水平等因素后予以确定。由此，伴随着 SLO 的实施，除了已有的 5 天、7 天、14 天、28 天逆回购外，可以预期未来央行回购的期限调整操作将更为灵活。央行公开市场短期流动性调节工具的交易对象为 12 家公开市场业务一级交易商。这些金融机构具有政策传导能力强、资产状况良好、系统重要性等特点。央行允许这 12 家大中型银行按日上报逆回购需求。此前，公开市场操作的结果都是当天公告。不过公开市场短期流动性调节工具的操作结果却是滞后一个月通过《公开市场业务交易公告》对外披露。这样投资者只能更多地关注国债回购利率、上海银行间同业拆放利率的变化，借以间接推断央行短期操作的动向。公开市场短期流动性调节工具的推出有助于我国公开市场操作机制的进一步完善，进一步提高中国人民银行公开市场操作的灵活性和主动性，确保货币市场利率的平稳波动，银行体系流动性合理充裕。同时，该业务的推出还有助于银行间市场利率机制的形成及进一步完善，对信贷市场和债券市场定价的参照意义更大，从而有助于利率市场化。

第六章　货币政策区域效应视角的 央行跨省分行改革

第一节　中国中央银行的发展历程

从中央银行发展历程来看，1949 年以来我国参照苏联的计划经济，借鉴苏联高度统一的计划经济管理体制的发展模式，形成了与之相适应的高度统一的国家银行体制。在中国人民银行支持下，1949~1952 年国民经济迅速恢复与发展。改革开放以后，中国人民银行从财政部分离出来作为独立的部级单位，开始行使中央银行职能。具体而言，我国中央银行的发展历程大致可分为以下几个阶段。

一　新中国成立前后到1978年改革开放

1948 年 12 月 1 日，中国人民银行在河北石家庄成立，是以当时的华北银行为基础，将西北农业银行与北海银行进行合并组建而成的。中国人民银行成为新中国成立以后的中央银行，而人民币也成为唯一的法定本位币。1949 年 2 月，随着北平的和平解放，中国人民银行由石家庄市迁至北京，同年 9 月《中华人民共和国中央人民政府组织法》赋予其国家银行的职能，承担发行人民币、代理国家金库、监督与管理国家金融、制定货币政策、稳定金融市场、对经济恢复和国家重建进行支持的任务。这一时期我国参照苏联的计划经济，借鉴苏联高度统一的计划经济管理体制的发展模式，形成了与之相适应的高度统一的国家银行体制，中国人民银行既承担商业银行的职能，又是全国金融业务的管理者。在国民经济恢复时期，中国人民银行在统一货币发行与流通，打击金银投机，稳定金融物价，贯彻国家统一的财政经济决定以及支持生产，促进国民经济恢复和发展，对私营金融业进行社会主义改造等方面做了大量工作，取得了明显成就。

计划经济时期国家为了迅速促进经济恢复与发展，在金融领域开始实施中国人民银行垂直管理体制，实行以"大一统"为特征的货币政策，我国银行体制的特征是高度统一的"统存统贷、统收统支"，中国人民银行没有独立性与自主权，只发挥财政政策的辅助作用，不存在真正意义上的制定与执行货币政策的操作。

二 1978年改革开放以后到1998年

改革开放后，中国人民银行与财政部门分开设立，1978 年中国人民银行从财政部分离并作为国务院下属的独立部级单位，中国人民银行初步恢复原有的功能，但仍然兼具中央银行和商业银行的作用。国务院在 1982 年 7 月着重提出"中国人民银行是我国的中央银行，是国务院领导下统一管理全国金融的国家机关"。国务院在 1983 年 9 月发布的《关于中国人民银行专门行使中央银行职能的决定》中进一步明确了中国人民银行的中央银行功能，并于 1984 年 1 月 1 日成立中国工商银行，将原中国人民银行承担的商业银行作用转移到中国工商银行，实现了中央银行和商业银行两大作用的分开，中国人民银行开始独立行使中央银行职能。

中国人民银行独立行使中央银行职能后，按行政区划分分支机构，1984 年中国人民银行开始设置县级行政区以上的分支机构，截至 1986 年，全国共有 2017 个县，其中 1863 个县设立了中国人民银行的县级支行。1992 年前后，中国人民银行的宏观调控和金融监管两大职能都未能针对当时的经济过热和金融秩序混乱充分发挥作用，中国人民银行原有体制缺陷明显暴露出来。国务院于 1992 年 10 月成立了中国证券监督管理委员会和国务院证券委员会，由新成立的中国证监会来承担对我国证券市场业务的监管职能以替代原来的中国人民银行。1995 年 3 月颁布并实施了《中国人民银行法》，明确中国人民银行为我国的中央银行。

三 1998年跨省分行改革至今

中国保监会于 1998 年 11 月成立，接替中国人民银行行使对保险公司的监管权。为了完善"分业经营、分业监管"的体制，我国于 2003 年 4 月设立了中国银监会，"一行三会"这样比较完整的金融监管框架形成，使得中国人民银行可以将更多的精力放在货币政策调控上。

中国人民银行于 1998 年进行了大区行改革（跨省分行改革），撤销了31 个省（自治区、直辖市）级分行，设立了跨行政区划的九大区行和两个直属营业管理部，中国人民银行按照区域设置九大区行的形式与美联储体系中的联邦储蓄银行的设定有一定的相似之处，主要目的是增强中国人民银行的独立性，减少地方政府对中国人民银行地方分支机构在制定货币政策以及银行监管方面的干预。自央行九大区行成立以来，中国人民银行的大区行取代了原来的各省级分行，省级中心支行与地级市中心支行不再存在上下级的层级关系，各大区行履行中国人民银行赋予的职责，在一定程度上削弱了地方政府对金融业的干预。但是我国商业银行还是依照行政区域对分支机构进行划分，取消省中心支行对地市级中心支行的管辖权，这反而对货币政策的执行和地区信息的收集产生不利的影响。2003 年 12 月 27 日，全国人大常委会第六次会议通过的《中国人民银行法（修正）》对中国人民银行的职责进行了调整，从制定和执行货币政策、维护金融稳定和提供金融服务三个方面对中国人民银行的职责进行了调整。《中国人民银行法（修正）》将中国人民银行和银监会的职责进行了清晰的划分，中国人民银行更加专注于制定和执行货币政策，进一步发挥在宏观调控和防范与化解金融风险中的作用，进一步加强金融服务。

但是在执行全国统一的货币政策的大前提下，九大区行的设立对于区域经济的发展具有怎样的影响、这种按照经济区域设置大区分行的合理性如何等也颇具争议。对于中央银行九大区行设置的合理性大多是进行定性考察，较少在定量考察方面对其合理性予以探讨，本研究拟在定性分析的基础上运用 SVAR 模型等定量手段，考察 1998 年前后中国货币政策区域效应的变化，从而从侧面检验中国人民银行设置九大区行的合理性，主要目标和特点：其一，在区域的划分上，立足于我国货币政策当局设立九大区行的现状，分析统一的货币政策对各区行辖内经济变量的影响，了解各大区行货币政策执行效果的差异，为下一步可能的改革提供必要的依据；其二，在变量的选择和处理上加以改进，对所有的名义变量都进行 GDP 平减指数处理从而得到实际变量，最大限度地剔除价格因素影响；其三，在样本数据方面收集了1978~2016 年度数据，是国内现有研究中数据最全的。

第二节　中国央行跨省分行改革的理论分析

1998 年我国为了保证央行的独立性以及削弱地方政府对金融业的干预，借鉴美国联邦储备委员会的做法，依据中国实际情况，改变按省份划分的模式，实行按区域划分的九大区行管理制度模式。大区行设立以来，在研究各辖区的经济金融状态方面，为总行制定货币政策提供了可靠的数据以及信息支持，促使央行在保持货币政策的独立性的前提下兼顾地方经济的特殊性，使货币政策具有一定灵活性。与此同时，大区行可以有效减少地方政府干预，避免地方政府的过度保护，可以进一步加强对地方的金融监管，有效防范和化解金融风险。

大区行制度在发挥其积极作用的同时，也面临诸多问题。第一，大区行的划分存在不合理现象，央行要实行差异化货币政策，必须要保证每个辖区内的区域经济发展程度或经济结构具有相似性，以确保货币政策在区域间的传导效果具有一致性。但在大区行的划分中，辖区内区域经济结构具有较大差异，从而影响到各分行内部货币政策执行效果的一致性。第二，大区行缺乏灵活调整辖区内货币政策的权力，各地区经济发展水平、金融结构等差异较大，实施统一的货币政策会引发区域效应，而央行没有赋予大区行按本辖区内的具体经济状况灵活调整政策的权力，大区行制度无法实现和发挥货币政策的区域性作用。第三，大区行金融研究能力不足，随着银监会的成立以及监管职能从中国人民银行系统中剥离出去，中国人民银行制定和执行货币政策的职能进一步明确，而大区行的货币政策职能没有进一步细化，同时大区行设立时对于具体的目标与细节缺乏充分的考虑，因此在大区行改革后针对区域货币政策的研究工作缺乏统一指导，对于地方经济以及金融业发展的信息挖掘不足，提供给央行的数据及信息不够全面，导致央行制定货币政策时无法全面掌握区域经济的实际状况。第四，大区行与地方行政机关缺乏有效的沟通渠道，地方企业与当地政府有着密切的经济联系，地方政府的利益取向与货币政策的均衡目标可能会产生冲突，一旦发生冲突，地方政府对大区行的过度干预将导致大区行的独立性减弱。大区行改革之后，央行货币政策的实施仍然要依靠各省会监管办、中心支行和县支行，因此仅能够一定程度避免省一级的干预，由于大区行与地方政府缺乏有效沟通，无法避免来自市、县一级的干预。

央行跨省分行改革是提升中央银行货币政策的有效性的重要举措，在区域经济发展越来越重要的今天，仅从理论上定性地探讨大区行改革的成效是远远不够的，本研究将运用 SVAR 模型来定量考察 1998 年前后中国货币政策区域效应的变化情况，从而进一步探讨大区行改革对我国货币政策效应的影响。

第三节　中国央行跨省分行改革效果的实证研究

一　中国央行跨省分行改革相关研究

（一）跨省分行改革合理性研究

曾桂蝉（1998）认为建立大区行是顺应金融发展形势，对于极端复杂的货币市场，有些问题可直接通过大区行与当地政府联系、协调来解决，根据实际需要及时采取对策。亚洲金融危机的爆发对我国货币政策的独立性、严肃性、权威性等要求进一步提高，我国金融机构法人治理结构亟待优化，为此中国人民银行于 1998 年转型为以垂直管理为特点的大区行体制。中国人民银行的大区行体制改革符合我国金融发展趋势，符合市场经济建设的时代需要，是我国金融体系健康发展和长期繁荣的坚实保证。由于历史问题和现实因素的影响，大区行制度作用的发挥受到了限制，但是不能以此来否定央行的大区行体制改革成果，应努力克服其限制性因素，使改革成果惠及其他金融主体。黄建新（2005）认为大区行的改革思路是正确的，但是针对中国实际情况需要做进一步改革。中国人民银行的演变方向是职能逐步单一化，其独立性也进一步加强，大区行改革使得央行的独立性得到加强，同时其自主权也得到了强化。李海海（2006）认为大区行制度符合市场经济取向，有助于促进各地区经济和谐发展。需要注意的是分区方面，要进一步按照货币区及经济规划重新予以科学划分。

（二）跨省分行改革实施效果研究

大区行改革在强化我国金融监管与货币政策的贯彻落实方面具有积极意义，在减少地方政府干预方面，由于大区行改革与国有商业银行的管理体制改革不同步，大区行对地方经济的影响力大大降低，对于防止大区行因受地方政府干预而对宏观调控和货币政策产生干扰而言意义不大。谢庆健（2003）对自央行管理体制改革以来中国人民银行南京分行的探索发展历程进行了研究，发现央行的管理体制改革有效增强了江苏省与安徽省在金融发展上的协调性，两省存贷款规模进一步增长，金融机构盈利能力稳步提升，银行资产质量得到提升，金融体系持续完善。大区行是按照经济区域来设置机构的。从央行的发展历史来看，大区行改革是有效的，体现了我国经济发展的内在要求与世界经济发展的方向。

（三）跨省分行改革面临的挑战研究

徐联初（2003）认为我国对原有体制具有很强的依赖性，导致旧制度向新制度的转变变得困难，同时金融业发展面临挑战，分行的金融服务面临更高的要求。孙天琦（2004）认为央行的大区行改革虽然允许地方分行与中心支行拥有开展再贷款、再贴现操作的部分审批权，但其自主性却受到很大限制。实际上，总行与分行仍囿于上下级的科层制，分行的各种业务操作必须符合总行各种制度细则，削弱了货币政策的灵活性。有学者认为由于设置时间过短，各种因素考虑不全和客观环境所造成的影响，央行的大区行改革存在分支机构定位模糊、大区行组织管理混乱、跨区监管成本显著提升、区域货币政策不符合实际等问题。李海海（2006）认为，央行仍将行政区域作为划分大区分行辖区的标准，没有体现区域间的经济联系。周先平（2007）对九大分行实际运行情况进行了考察，认为九大分行的划分忽视了各地区内部经济发展水平与金融发展水平的差异，削弱了大区分行在货币政策方面的执行力，影响了区域宏观调控体系的建立，降低了货币政策的有效性。汪增群、束庆年（2007）以国际化的视角对美国与欧盟的中央银行体制进行了考察，认为央行的制度设计与权力分配是货币政策实现区域优化的条件，央行的权力分散有助于增强地区分行在区域经济调控中的影响力。吕素香、张谊然（2010）研究认为，央行的各个分行缺乏研究人员，并且在实际业务方面偏重于货币政策执行和金融服务，对调查统计与金融研究的重视度不足，各大区分行的研究能力与职责要求不匹配。

学者们在对大区行改革的合理性研究方面有一致的观点，即大区行改革思路正确，符合历史发展潮流，符合市场经济取向，应在坚持大方向的基础上逐步完善，发挥其应有的作用。在大区行作用效果方面，大区行改革至今，央行的独立性得以增强，但是有学者认为其对于防止大区行因受地方政府干预而对宏观调控和货币政策产生干扰而言意义不大。大区行改革在解决央行独立性问题的同时，也面临诸多挑战，与此相关的研究成果众多，不同的研究结论形成了不同的观点，主要可以归结为以下几个方面：中央银行各级分行在现有货币决策框架、大区行制影响下，对区域非对称效应的认识不足；分行辖区划分与经济事实相悖，分行对货币政策执行缺乏灵活性；同时大区分行金融研究与辅助决策的能力不足。

二　模型、指标选择与数据处理

本章进行实证研究所用的模型是向量自回归模型，这也是目前针对货币政策区域效应差异化研究普遍采用的模型。同样也要对数据进行单位根检验和协整检验，具体步骤不再赘述。

在建立模型之后将利用脉冲响应函数对中央银行货币政策区域效应进行

分析。货币政策传导机制从理论上可以分为多种，其基本的传导过程可描述为：货币当局的货币政策首先作用于金融体系（包括商业银行、政策性银行、非银行金融机构及各类金融市场），并沿着货币供应量和利率两个途径传导，进而影响投资需求、消费需求，通过总需求与总供给的相互作用，最终影响价格和产出，由此可见，产出和价格水平是货币政策对实体经济产生影响的两个重要方面。产出方面，选取实际 GDP 作为考察指标；价格方面，选取 GDP 平减指数作为考察指标。需要说明的是，从国内已发表的文献资料来看，经济变量的实际值大都是通过名义值剔除居民消费价格指数（CPI）或者商品零售价格指数得到的，但是不论是 CPI 还是商品零售价格指数，其计算基础都远不及 GDP 平减指数广泛，用平减指数能够更加准确地反映一般物价水平走向，这是本研究最终采用 GDP 平减指数的原因。同时，本研究选取实际广义货币供应量 M2 作为货币政策的代表变量，并取对数。

作为增强中央银行独立性的一项举措，1998 年中国人民银行撤销了原有的 31 个省级分行，取而代之成立了九大分行，分别是上海分行、天津分行、沈阳分行、南京分行、济南分行、武汉分行、广州分行、成都分行和西安分行，具体管辖省区市如表 6-1 所示，并另设了北京、重庆两个营业管理部。

表 6-1　中国人民银行九大分行管辖

分行名称	代码	所含省份
天津分行	TJ	天津、河北、山西、内蒙古
沈阳分行	SY	辽宁、吉林、黑龙江
南京分行	NJ	江苏、安徽
济南分行	JN	山东、河南
武汉分行	WH	湖北、湖南、江西
广州分行	GZ	广东、广西、海南
成都分行	CD	四川、贵州、云南、西藏
上海分行	SH	上海、浙江、福建
西安分行	XA	陕西、甘肃、青海、宁夏、新疆

为了考察的完整性，我们在指标选取和数据处理上将重庆营业部并入成都分行，北京单独列出加以考察，这样把北京及九大分行所辖区域的实际 GDP①（以 1978 年为基期）分别标记为 BJ_ RGDP、SH_ RGDP、TJ_ RGDP、SY_ RGDP、NJ_ RGDP、JN_ RGDP、WH_ RGDP、GZ_ RGDP、CD_ RGDP、XA_ RGDP，北京及各大分行辖区的 GDP 平减指数（以 1978 年为基期）分别标记为 BJ_ PJ、SH_ PJ、TJ_ PJ、SY_ PJ、NJ_ PJ、JN_ PJ、WH_ PJ、GZ_ PJ、CD_ PJ、XA_ PJ。

三　实证检验过程

（一）数据的平稳性检验

表 6-2　1978~1998 年各大区分行相关序列的 ADF 检验

变量 ****	检验形式(C,T,P) *	ADF 值 **	信息准则	Prob. ***
ΔLBJ_PJ	(c,t,4)	-3.164602	AIC	0.0248
ΔLBJ_RGDP	(c,0,1)	-2.617205	AIC	0.0110
ΔLCD_PJ	(c,0,1)	-3.460837	AIC	0.0463
ΔLCD_RGDP	(c,0,0)	-2.045351	AIC	0.0585
ΔLGZ_PJ	(c,0,1)	-2.265930	AIC	0.0319
ΔLGZ_RGDP	(c,t,4)	-3.583875	AIC	0.0258
ΔLJN_PJ	(c,0,1)	-2.773952	AIC	0.0784
ΔLJN_RGDP	(c,0,0)	-3.267842	AIC	0.0359
ΔLNJ_PJ	(c,0,2)	-2.543842	AIC	0.0428
ΔLNJ_RGDP	(c,0,0)	-3.464645	AIC	0.0543
ΔLSH_PJ	(c,0,1)	-2.356345	AIC	0.0191
ΔLSH_RGDP	(c,0,3)	-2.425445	AIC	0.0475
ΔLSY_PJ	(0,0,1)	-1.746574	AIC	0.0116
ΔLSY_RGDP	(c,0,1)	-3.252344	AIC	0.0206
ΔLTJ_PJ	(c,0,1)	-2.132443	AIC	0.0778
ΔLTJ_RGDP	(c,0,0)	-2.675473	AIC	0.0301
ΔLWH_PJ	(c,0,2)	-2.213543	AIC	0.0972

---

① 本研究 GDP 等原始数据为 1978~2016 年度数据，取自《新中国 55 年统计资料汇编》、《中国统计年鉴》和各省区市统计年鉴相应各期；GDP 平减指数是笔者根据相应的名义和实际 GDP 数据计算得到，各区域数据由所辖省份数据合并计算形成。

续表

变量	检验形式（C,T,P）*	ADF 值**	信息准则	Prob. ***
ΔLWH_RGDP	（c,0,0）	−3.783645	AIC	0.0366
ΔLXA_PJ	（0,0,0）	−1.236745	AIC	0.0453
ΔLXA_RGDP	（c,0,0）	−3.856473	AIC	0.0322
ΔLRM2	（c,0,0）	−4.235654	AIC	0.0421

注："＊"检验形式（C，T，P）中的C、T、P分别表示模型中的常数项、时间趋势项和滞后阶数；"＊＊"ADF检验采用经MacKinnon改进的临界值和SC信息准则；"＊＊＊"Prob.是指MacKinnon（1996）one-sided p-values；"＊＊＊＊"变量中的Δ表示差分值，L表示取对数。

表6-3 1998~2016年各大区分行相关序列的ADF检验

变量 ****	检验形式（C,T,P）*	ADF 值**	信息准则	Prob. ***
ΔLBJ_PJ	（c,0,0）	−2.354656	AIC	0.0875
ΔLBJ_RGDP	（c,t,6）	−4.736542	AIC	0.0046
ΔLCD_PJ	（c,0,1）	−2.165376	AIC	0.0983
ΔLCD_RGDP	（c,t,6）	−6.985767	AIC	0.0001
ΔLGZ_PJ	（c,0,1）	−2.264566	AIC	0.0303
ΔLGZ_RGDP	（c,0,4）	−3.745642	AIC	0.0247
ΔLJN_PJ	（c,0,1）	−4.457645	AIC	0.0431
ΔLJN_RGDP	（c,0,5）	−2.875643	AIC	0.0068
ΔLNJ_PJ	（c,0,1）	−3.254367	AIC	0.0624
ΔLNJ_RGDP	（c,0,4）	−4.653452	AIC	0.0104
ΔLSH_PJ	（c,0,1）	−3.856733	AIC	0.0916
ΔLSH_RGDP	（c,0,0）	−2.653453	AIC	0.0592
ΔLSY_PJ	（0,0,0）	−3.354677	AIC	0.0398
ΔLSY_RGDP	（c,0,2）	−3.354676	AIC	0.0165
ΔLTJ_PJ	（c,0,1）	−2.345675	AIC	0.0755
ΔLTJ_RGDP	（c,t,6）	−5.345763	AIC	0.0020
ΔLWH_PJ	（0,0,0）	−2.243655	AIC	0.0326
ΔLWH_RGDP	（c,t,5）	−3.345634	AIC	0.0137
ΔLXA_PJ	（c,0,0）	−4.456354	AIC	0.0163
ΔLXA_RGDP	（c,0,6）	−5.456643	AIC	0.0012
ΔLRM2	（c,t,0）	−7.354645	AIC	0.0121

注："＊"检验形式（C，T，P）中的C、T、P分别表示模型中的常数项、时间趋势项和滞后阶数；"＊＊"ADF检验采用经MacKinnon改进的临界值和SC信息准则；"＊＊＊"Prob.是指MacKinnon（1996）one-sided p-values；"＊＊＊＊"变量中的Δ表示差分值，L表示取对数。

可以看到 ADF 检验中，在 42 个相关被检变量中有 5 个变量在 1% 的显著性水平下通过了平稳性检验，有 26 个变量在 5% 的显著性水平下通过了平稳性检验，有 11 个变量在 10% 的显著性水平下通过了平稳性检验。

（二）VAR 模型的建立和估计

基于前文对于数据的处理，我们对差分后的平稳数据建立 VAR 模型：

$$\Delta LRM2_t = b_{31}^0 \Delta LRGDP_t + \sum_{i=1}^n b_{31}^i \Delta LRGDP_{t-i} + b_{32}^0 \Delta LPJ_t + \sum_{i=1}^n b_{32}^i \Delta LPJ_{t-i} + \sum_{i=1}^n b_{33}^i \Delta LRM2_{t-i} + \varepsilon_{3t}$$

$$\Delta LRGDP_t = \sum_{i=1}^n b_{11}^i \Delta LRGDP_{t-i} + b_{12}^0 \Delta LPJ_t + \sum_{i=1}^n b_{12}^i \Delta LPJ_{t-i} + b_{13}^0 \Delta LRM2_t + \sum_{i=1}^n b_{13}^i \Delta LRM2_{t-i} + \varepsilon_{1t}$$

$$\Delta lPJ_t = b_{21}^0 \Delta LRGDP_t + \sum_{i=1}^n b_{21}^i \Delta LRGDP_{t-i} + \sum_{i=1}^n b_{22}^i \Delta LPJ_{t-i} + b_{23}^0 \Delta LRM2_t + \sum_{i=1}^n b_{23}^i \Delta LRM2_{t-i} + \varepsilon_{2t}$$

针对北京和其他九个区域分别建立模型，在综合考虑模型的 AIC 信息准则之后，并且为了保证模型的所有根模的倒数都位于单位圆内，确定模型滞后阶数为 2 阶，建立稳定的 SVAR 模型，使用的 Choleski 分解次序为 $\Delta LRGDP$、ΔLPJ、$\Delta LRM2$，通过对模型求解结构因子，得到正交化的脉冲响应函数，可以用来考察货币冲击对其他经济变量的动态影响。模型中有 3 个内生变量，需要施加 $k(k-1)/2=3$ 个约束才能使得模型满足可识别条件：①实际 GDP 增长率对当期实际 M2 的增长率的变化没有影响；②GDP 平减指数的变化率对当期实际 GDP 增长率没有影响；③GDP 平减指数的变化率对当期实际 M2 增长率的变化没有影响。

通过建立上述 VAR 模型，可以分别得到 1978~1998 年和 1998~2016 年两个时期内各个区域的 GDP 及其平减指数的货币脉冲响应函数，10 个大区相应的脉冲响应图和累积脉冲响应图总共有 20 个之多，故略去备查。通过计算实际 GDP 的货币脉冲响应最大值和 GDP 平减指数的货币脉冲响应最大值的标准差显示，B 时期和 A 时期的差别非常小，B 时期标准差仅比 A 时期小 0.28%。也就是说，在 A、B 两个时期的实际 GDP 的货币脉冲响应的结果没有明显改变；各分行辖区 GDP 平减指数的货币脉冲响应最大值（Maxshock_ PJ）的标准差显示，B 时期比 A 时期的标准差下降了 28.3%，即说明相对于 A 时期，B 时期的 GDP 平减指数的货币脉冲响应的结果发生了显著变化。

四 实证结论与建议

以上计量结果表明，在 1998 年中国人民银行设置九大分行之后，货币政策的区域效应在 GDP 和平减指数两个方面体现出了不同的结果。具体来说，九大分行所辖地区在 1998 年改革之后，货币政策对于 GDP 的作用在 1998 年机构改革前后没有发生明显变化，而货币政策对于平减指数（价格）的作用在 1998 年机构改革前后发生了明显改变，表现为在各分行所辖区域的作用更均衡，即货币政策的区域效应减弱。

通过上述实证分析可知，在中国人民银行 1998 年的跨省分行改革之后，货币政策区域效应在产出方面的改变几乎没有，但在价格影响方面，货币政策对各个区域的影响变得较为均衡，即区域效应减弱。上述实证检验表明，中国人民银行跨省分行的改革部分地减弱了货币政策区域效应，但是效果并不显著，改革中央银行体制仍然十分迫切。

大区行制度在一定程度上削弱了货币政策区域效应，即具有一定的积极作用，但在实际效果方面，受众多因素的影响，大区行并未充分发挥应有的作用，因此应该进一步深化大区行制度改革，改变与我国原有金融制度不适应之处，保留其合理部分，并在此基础上进行融合，使中国人民银行的区域结构设计更加合理和符合实际情况，建立健全具有中国特色的金融制度体系，充分发挥货币政策的区域效应。

（一）需要调整现有大区行的区域划分范围

现有大区行的划分仍然具有明显的行政区域色彩，并且一些区域内部各省份之间的经济发展程度并不相同，因此中国人民银行的分支机构划分可以结合我国国情，更多地考虑实际情况。由于中央银行实践中并无纯粹地按经济区域划分的实例，全部按经济区域原则来划分分支机构是一种理想状态，但尽量按照经济发展程度重新进行大区行的区域界定并非不可能，改革的方向应该是尽量把区域内地理位置相近且经济发展程度也相近的省份聚合在一起，可以参考八大区域进行设置。这样方便区域内货币政策的统一协调，尽量避免在同一大区行辖内出现货币政策区域效应。

（二）提高大区行在货币政策制定和执行中的地位

由于我国是一元制的中央银行体制，大区行作为央行的分支机构，人事任免权全部属于央行总行，大区行对于货币政策无决策权。要想提高大区行在货币政策制定和执行中的地位，最关键的是赋予大区行部分货币政策的决策权，使大区行能参与货币政策的制定过程，充分发挥大区行的作用，以保证货币政策的科学性和对地方差异性的关注。

（三）授权大区行制定和执行基于区域差异的结构性货币政策

通过实证分析可以看出大区行对于货币政策区域效应有一定的作用，但不够显著，由于大区行的货币政策执行能力不足，不能充分因地制宜地发挥大区行在实行结构性货币政策方面的作用，导致大区行在执行货币政策过程中过于僵化，忽视地区经济与金融发展方面的差异性，从而影响了货币政策的有效性，对于货币政策区域效应的作用不显著。因此应该在一定程度上赋予大区行在本区域执行货币政策的灵活性。

按照《中国人民银行法》，中国人民银行分支机构是中国人民银行制定和执行货币政策、维护金融稳定的组织基础，是中央银行组织体系的重要组成部分。中国人民银行分支机构执行货币政策的效果直接影响到中央银行分支机构的权威性，进而影响到中国人民银行的独立性。中国人民银行的货币政策是统一的，但全国性货币政策在执行过程中必然面对各地经济发展水平与环境的非平衡性。在坚持货币政策大方向的同时结合辖区内实际情况，制定本辖区内部的相关指导意见，充分考虑经济金融发展的地区差异性，密切联系地方政府，制定切实可行的基于区域差异的结构性货币政策。

2019 年 8 月，中国人民银行对于个人住房贷款利率实行新的政策，对房贷基准利率进行调整，以最近一个月相应期限的 LPR 为定价基准，新政策考虑到区域经济差异问题，实行差异化利率管理，即由各大区行的分支机构指导省级市场利率定价自律机制，确定当地 LPR 加点下限，可见我国央行在制定和执行货币政策时越来越注重区域差异性，越来越注重发挥大区行制度在促进区域经济协调发展中的作用。

（四）强化大区分行收集和分析数据与信息的能力

提升大区行对区域非对称效应的关注度，提高大区行对地方经济与金融研究的能力，加大调研与收集数据的力度，充分发挥大区行作用，培养一批拥有深厚经济学理论知识的经济学家从事统计工作、金融调查工作，积极收集辖区内的金融与经济运行信息，将辖区内的货币政策执行情况予以充分调查，获取辖区内真实的数据与信息，对辖区内金融与经济情况进行详细分析，为央行提供真实的资料，为央行下一步货币政策的制定提供切实可靠的数据与信息支撑，同时也可以对地方政府的权力进行有效的约束。

（五）协调大区分行与地方政府的关系

设置大区行是为了减少地方政府干预，大区行业务活动的开展需要地方政府的支持与配合，考虑到辖区内经济的发展与金融的稳定，地方政府的参与也非常必要，因此应妥善处理与地方政府之间的关系，既要杜绝政府的过度干预，又要保证地方政府充分发挥主导作用。应定期派大区行相关工作人员与市、县一级的政府工作人员进行交流与沟通，加强大区分行与地方政府的双向交流，杜绝地方政府的过度干预，同时发挥地方政府的主导作用，进而实现货币政策与地区经济政策协调，促进区域经济进一步发展。

第七章　总结与建议

基于前文的理论分析和实证检验可知，在我国实行统一货币政策促进区域经济发展的过程中，区域产业结构和金融结构发挥着重要的作用，金融处于货币政策传导过程中的中间环节，其作用尤其突出。由于我国各区域金融化程度和金融结构不同，区域金融在货币政策与经济发展之间的调控作用存在差异。为了使区域金融更好地服务于经济发展，下文从进一步优化欠发达地区金融结构、促进资本市场发展、实施差异化货币政策、改革大区行制度等方面提出建议。

一　优化欠发达地区的金融结构

根据前文对我国八大区域金融现状的分析及对比可知，我国各区域的金融结构（金融市场结构、金融机构结构、融资结构和金融资产结构）存在较大差异，欠发达地区（东北、大西南及大西北经济区等）对银行信贷的依赖较大、间接融资所占比例较高、融资渠道单一，与发达地区（东部及南部沿海经济区）相比，证券和保险业发展较慢，严重阻碍了经济发展。前文的实证研究也表明，各区域金融结构不同，其对经济发展的影响也存在较大差异。若不对各区域的金融结构进行相应的优化升级，随着时间的推移，这种差异将逐渐显著，最终引发"马太效应"。

优化欠发达地区的金融结构，能进一步缩小区域间的金融差距，促进区域经济协调发展。本研究的实证结果显示对于欠发达地区（大西南、大西北及长江中游经济区）而言金融机构结构在货币政策与经济发展之间的调控作用较大，而这些地区银行类从业人员占比却较低。对于这种情况，欠发达地区的政府要大力发展不同种类的金融机构，改善金融机构结构。政府要加快推动区域内中小金融机构的发展，鼓励并引导社会资本流入中小金融机构，优化其资本构成，提高运营效率；中国人民银行可通过优惠政策如再贷款、再贴现等扶持中小金融机构发展，并以此增强其资信和运用资金的能力；中小金融机构也应制定自身长远的发展战略，明确市场定位，结合当地的经济发展状况，推出独具特色的产品，打造品牌优势，树立良好的形象。此外，政府应积极提供良好的外部环境，鼓励股份制商业银行和外资银行在本地设立分支机构，为当地企业提供金融服务。我国各区域要促进非银行金融机构的发展，重点发展证券和保险公司。政府部门应充分了解当地的资本市场，并制定相应的规划，支持当地证券、保险公司的发展，给予一些政策优惠使其扩大规模，设立更多的分支机构，做大做强。同时政府要鼓励证券公司进行产品创新和业务拓展，注意证券专业人才的培养和引进，加强跨区域间证券公司的交流与合作，促进本区域证券业持续健康发展。保险公司也要结合区域经济实际情况，因地制宜地推出有针对性和适用性的保险产品，如对于大西南经济区而言，其林业和养殖业规模庞大，当地的保险公司可以针对这一现状设计独具特色的养殖保险、森林火险等，提高自身竞争力。要加强政策性金融体系的建设。目前，仅靠商业金融难以满足东北、大西南和大西北经济区基础设施建设及中长期项目大量且长期的资金需求，而政策性金融则可为其提供资金支持。与此同时，政策性金融的资金流向会间接地影响商业性金融的资金流向，进而引导商业性金融支持战略性新兴产业发展。而目前我国成立的三家政策性银行（中国进出口银行、农业发展银行、国家开发银行）的资源有限，其政策性服务没有涉及各区域，且门槛相对较高，一些对区域经济发展极其重要但处于弱势地位的企业往往无法获得金融支持。因此，可以建立区域性的政策性金融机构，如针对东北振兴计划中中小企业融资难的问题，可以尝试成立中小企业发展银行，为该区域中小企业提供资金，特别是那些生产高附加值、进行高新技术研发的企业。区域内政策性金融机构的成立，可以满足欠发达地区如东北经济区的资金需求，为其提供融资渠道，改善区域融资结构，促使区域金融更好地为区域经济发展服务，促进区域经济协调发展。

二 促进资本市场的发展

从前文分析可知，在金融资产结构方面，尽管各区域金融资产结构存在差异，但总体上八大区域货币类金融资产占比均较高；在融资结构方面，间接融资占比在八大区域中也都保持着较高的比例；在金融市场结构方面，八大区域股票市场占比较低，这些都说明我国资本市场发展还不成熟。我国资本市场不完善，决定了银行信贷渠道仍在我国货币政策传导渠道中占据着主要地位，制约了资产价格渠道的拓展，使得区域金融市场结构和融资结构对区域经济的作用尚未得到充分发挥，在一定程度上制约了区域经济发展。因此，必须进一步完善资本市场，充分利用货币政策的资产价格渠道，使区域金融市场结构和融资结构更好地为区域经济服务，促进区域经济协调发展。

目前，我国股票市场包括主板市场、创业板市场、新三板市场及科技创新板，如主板市场主要为大中型企业服务，创业板市场专门为高科技、新兴企业等中小企业服务。从前文分析可知，相对于东部及北部沿海经济区，东北和大西南等经济区无论是在上市公司数量还是在股票市值上都与之存在较大差距，这主要是由于东北等欠发达地区高资质的大型企业较少，一些中小企业难以满足上市的条件。为缩小区域间差距，我国政府应该建立多层次的股票市场，为我国不同区域不同资质的企业提供上市平台，满足其融资需求，优化资源配置，使区域金融更好地为经济发展服务。同时要积极发展区域性证券市场和场外市场，缓解欠发达地区的资金压力，促进资本市场的蓬勃发展。在多层次的股票市场下，地方政府要充分发挥引导作用，鼓励更多满足条件的企业通过发行股票进行融资，如针对像东北经济区等欠发达地区可适当放宽上市条件及对外资的限制等。同时，在满足上市条件的情况下，政府可优先考虑欠发达地区的企业上市，若在同一区域，可优先考虑该区域的企业上市，以缩小我国区域间的金融发展水平差距，促进区域经济协调发展。股票市场的平稳运行离不开政府的监管。在多层次的股票市场中，政府要完善相关制度，如信息披露制度、退市制度等，并严格落实，加强监管，加大对违法违规操作的处罚力度，保障股票市场的健康持续发展。

企业债券市场在证券市场中占据着重要的地位，其可以解决大多数企业面临的融资困境，以较低的成本为企业提供所需资金，促进区域经济发展。目前，企业债券主要服务于国有企业。然而东北及大西南等欠发达地区的国有企业数量较少，这在一定程度上加大了其与东部沿海经济区等发达地区之间的经济发展差距。为改变我国东北经济区等欠发达地区资本市场占比不高的现状，缩小地区间差距，应放宽企业债券的发行条件，为证券市场的发展提供良好的外部条件。同时，可适当给予东北经济区等欠发达区域政策优惠。而针对东北及大西南经济区等这些欠发达地区，要鼓励企业债券的发行，优先推荐发展前景好、综合实力强的企业进入企业债券市场，尽量降低企业债券的兑付风险。同时发行企业债券的企业还要建立信用担保基金等，以不断提高整个区域发债企业的信用等级，确保在今后企业能够随时获得其发展所需资金。

另外，政府要进一步完善做市商制度。做市商制度在我国证券市场中发挥着重要的作用，我国政府要加大对做市商的支持与优惠力度，合理设置做市商的准入门槛，积极动员并鼓励不同类型的企业加入长期债券市场，促进做市商的多样化发展。面对目前我国各区域金融发展水平的差异，东北经济区等欠发达地区的政府可适当放宽做市商的准入门槛，加大扶持力度，缩小区域间发展差距，促进区域经济协调发展。同时政府要建立完善的惩处机制，加强监管，对于长期债券违规行为，加大处罚和执行力度，保障证券市场的平稳运行。

三　实施差异化货币政策

前文的实证充分表明在我国统一的货币政策下，各区域金融对经济发展的影响存在差异，而这势必会导致我国区域间经济、金融发展差距进一步扩大。因此，为了促进我国区域经济协调发展，有必要在总体上实行统一的货币政策下，根据各区域金融、经济发展的具体特征和实际情况，因地制宜地实施差异化货币政策。

货币政策差异化操作的重点在于货币政策工具差异化。目前我国货币政策工具包括存款准备金率、再贴现和公开市场操作三大类，但这并不意味着在实施差异化货币政策的过程中均可使用这三大工具，比如就不能使用利率工具，因为这与我国利率市场化改革相悖。因此，可以采取差异化存款准备金政策和再贴现政策。

（一）差异化存款准备金政策

与东部沿海经济区等发达地区相比，大西北经济区等经济欠发达地区吸引资金的能力较弱，资金外流现象严重，银行能够提供的资金有限，难以满足当地区域经济发展需要。因此，我国应在各区域实施有差别的存款准备金政策，即制定不同的存款准备金率。根据前文的分析可知，除北部及东部沿海综合经济区的金融化程度较高（FIR 均在 4 以上）外，黄河中游及长江中游经济区等地区的金融化程度仍较低，而差异化存款准备金政策能有效改善这种局面。政府可通过制定差异化存款准备金率，有针对性地调控各区域的金融市场，如对区域金融化程度较低的黄河中游经济区等采取较低的存款准备金率，以提高该区域银行的信贷能力。在此政策下，资金会从发达地区流向中国人民银行，再由中国人民银行根据各区域经济、金融发展现状予以合理安排，把资金引向欠发达地区，以缓解欠发达地区有效资金不足问题，促进金融及经济协调发展。根据前文的分析及实证结果，东部、北部及南部沿海经济区的金融化程度要高于其他区域，在这些区域可采取较高的存款准备金率，而大西南、东北经济区等金融化程度较低，在这些区域可适当降低存款准备金率，提高银行的信贷能力，以推动经济发展，从而实现区域经济协调发展。

（二）差异化再贴现政策

再贴现是指银行等金融机构，为了满足当前的资金需要，将尚未到期且已经贴现的商业票据以贴现的方式转让给中国人民银行的行为。这在一定程度上，可以满足银行的流动性需求，增加其信贷能力。针对目前我国各区域金融化程度及金融发展水平不同的现象，中国人民银行可以实施差异化再贴现政策，如降低再贴现率，增加贴现票据的种类、对象等，并给予各区域分行一定的再贴现权，让其根据当地金融、经济的实际情况，制定不同的标准，为欠发达地区提供有效的金融支持，促进这些区域的金融及经济发展。根据本书的分析及实证结果可知，东北、长江中游、黄河中游及大西北经济区的金融化程度相对较低，在这些区域可实施比东部、南部及北部沿海经济区更为宽松的再贴现政策，如降低再贴现率、增加贴现票据种类及降低贴现对象的准入标准，以加大对欠发达地区的金融支持力度，使金融更好地服务于经济发展，促进区域经济协调发展。

四　央行大区行改革的建议

（一）需要调整现有大区行的区域划分范围

现有大区行的划分仍然具有明显的行政区域色彩，并且一些区域内部各省份之间的经济发展水平不同，因此中国人民银行的分支机构划分可以结合国情，更多地考虑实际情况。由于中央银行在实践中并无纯粹地按经济区域划分的实例，全部按经济区域原则来划分分支机构是一种理想状态，但尽量按照经济发展程度重新进行大区行的区域界定并非不可能，改革的方向应该是尽量把区域内地理位置相近且经济发展程度也相近的省份聚合在一起，可以参考八大区域进行设置。这样方便区域内货币政策的统一协调，尽量避免在同一大区行辖内出现货币政策区域效应。

（二）提高大区行在货币政策制定和执行中的地位

由于我国是一元制的中央银行体制，大区行作为央行的分支机构，人事任免权全部属于央行总行，大区行对于货币政策无决策权。要想提高大区行在货币政策制定和执行中的地位，最关键的是赋予大区行部分货币政策的决策权，使大区行能参与货币政策的制定过程，充分发挥大区行的作用，以保证货币政策的科学性和对地方差异性的关注。

（三）授权大区行制定和执行区域差别的结构性货币政策

通过实证分析可知大区行对于货币政策区域效应有一定的作用，但不够显著，由于大区行的货币政策执行能力不足，不能充分因地制宜地发挥大区行在实行结构性货币政策方面的作用，导致大区行在执行货币政策过程中过于僵化，忽视地区经济与金融发展方面的差异性，从而影响了货币政策的有效性，对于货币政策区域效应的作用不显著。因此应该在一定程度上赋予大区行在本区域执行货币政策的灵活性。

按照《中国人民银行法》，中国人民银行分支机构是中国人民银行制定和执行货币政策、维护金融稳定的组织基础，是中央银行组织体系的重要组成部分。中国人民银行分支机构执行货币政策的效果直接影响中央银行分支机构的权威性，进而影响到中国人民银行的独立性。中国人民银行的货币政策是统一的，但全国性货币政策在执行过程中必然面对各地经济发展水平与环境的非平衡性。在坚持货币政策大方向的同时结合辖区内实际情况，制定本辖区内部的相关指导意见，充分考虑经济金融发展的地区差异性，密切联系地方政府，制定切实可行的基于区域差异的结构性货币政策。

2019 年 8 月，中国人民银行对于个人住房贷款利率实行新的政策，对房贷基准利率进行调整，以最近一个月相应期限的 LPR 为定价基准，新政策考虑到区域经济差异问题，实行差异化利率管理，即由各大区行的分支机构指导省级市场利率定价自律机制，确定当地 LPR 加点下限，可见我国央行在制定和执行货币政策时越来越注重区域差异性，越来越注重发挥大区行制度在促进区域经济协调发展中的作用。

（四）强化大区分行收集和分析数据与信息的能力

提升大区行对区域非对称效应的关注度，提高大区行对地方经济与金融研究的能力，加大调研与收集数据的力度，充分发挥大区行作用，培养一批拥有深厚经济学理论知识的经济学家从事统计工作、金融调查工作，积极收集辖区内的金融与经济运行信息，将辖区内的货币政策执行情况予以充分调查，获取辖区内真实的数据与信息，对辖区内金融与经济情况进行详细分析，为央行提供真实的资料，为央行下一步货币政策的制定提供切实可靠的数据与信息支撑，同时也可以对地方政府的权力进行有效地约束。

（五）协调大区分行与地方政府的关系

设置大区行是为了减少地方政府干预，大区行业务活动的开展需要地方政府的支持与配合，考虑到辖区内经济的发展与金融的稳定，地方政府的参与也非常必要，因此应妥善处理与地方政府之间的关系，既要杜绝政府的过度干预，又要保证地方政府充分发挥主导作用。应定期派大区行相关工作人员与市、县一级的政府工作人员进行交流与沟通，加强大区分行与地方政府的双向交流，杜绝地方政府的过度干预，同时发挥地方政府的主导作用，进而实现货币政策与地区经济政策协调，促进区域经济进一步发展。

参考文献

〔美〕爱德华·肖:《经济发展中的金融深化》，邵伏军等译，格致出版社、上海三联书店、上海人民出版社，1988。

安佳:《美国货币政策周期对区域经济发展的影响》，《东岳论丛》2006年第3期。

白晶洁:《结构性货币政策的国际比较》，《中国金融》2017年第15期。

白钦先、李安勇:《试论西方货币政策传导机制理论》，《国际金融研究》2003年第6期。

〔美〕保罗·M. 霍维慈:《美国货币政策与金融制度》（上、下册），谭秉文、戴乾定译，中国财政经济出版社，1980。

蔡春晖:《云南农村金融供求现状分析及对策》，《吉林农业》2011年第3期。

蔡昉、都阳:《区域差距、趋同与西部开发》，《中国工业经济》2001年第2期。

蔡昉、都阳:《中国地区经济增长的趋同与差异——对西部开发战略的启示》，《经济研究》2000年第10期。

蔡俊杰:《长三角地区金融发展与经济增长关系的实证研究》，浙江财经大学硕士学位论文，2017。

曹廷求、王希航:《金融发展与经济增长：基于山东省各地市的实证分析》，《山东社会科学》2006年第1期。

曹永琴:《中国货币政策产业非对称效应实证研究》，《数量经济技术经济研究》2010年第9期。

陈安平：《我国财政货币政策的区域差异效应研究》，《数量经济技术经济研究》2007年第6期。

陈佳贵、黄群慧、钟宏武：《中国地区工业化进程的综合评价和特征分析》，《经济研究》2006年第6期。

陈乐一、李良、杨云：《金融结构变动对经济波动的影响研究》，《经济经纬》2016年第1期。

陈立泰、王明：《中国农村金融发展对城乡收入差距的影响分析——基于1978~2005年数据的协整检验》，《广东金融学院学报》2007年第6期。

陈升东、冯志、高祥扩：《云南农村金融服务三农的现状及对策》，《现代农业科技》2011年第9期。

陈婷：《云南农村金融发展的现状和措施》，《时代农机》2015年第10期。

陈享光、赵英杰：《2006年我国宏观经济研究的最新进展》，《当代经济管理》2007年第4期。

陈秀山、石碧华：《区域经济均衡与非均衡发展理论》，《教学与研究》2000年第10期。

陈秀山主编《中国区域经济问题研究》，商务印书馆，2005。

陈学彬、杨凌、方松：《货币政策效应的微观基础研究——我国居民消费储蓄行为的实证分析》，《复旦学报》（社会科学版）2005年第1期。

陈璋：《西方经济学方法论研究》，中国统计出版社，2001。

陈璋、陈国栋、刘霞辉：《西方经济理论与实证方法论》，北京大学出版社，1993。

陈璋、宁柱：《从生产力不平衡结构看我国宏观经济波动》，《经济理论与经济管理》2004年第4期。

陈璋等：《中国宏观经济理论方法论问题研究》，中国人民大学出版社，2006。

储结兵：《货币政策传导机制效率的条件分析》，《华南金融研究》2003年第2期。

崔泽园、王书华：《中国货币政策区域效应的影响分析——基于动态面板的经验与证据》，《经济问题》2013 年第 3 期。

戴金平、金永军、陈柳钦：《货币政策的产业效应分析——基于中国货币政策的实证研究》，《上海财经大学学报》2005 年第 4 期。

〔美〕道格拉斯·C.诺思：《制度、制度变迁与经济绩效》，杭行译，格致出版社、上海三联书店、上海人民出版社，2008。

邓东海：《广东浙江金融发展与经济增长关系的比较研究》，湖南大学硕士学位论文，2010。

邓崧、罗强强：《多中心治理下的云南省农村公共产品供给模式研究》，《云南行政学院学报》2015 年第 6 期。

邓雄：《结构性货币政策工具的运用：发达国家的实践及启示》，《南方金融》2015 年第 1 期。

丁长发：《农村金融三大流派理论评述》，《时代金融》2010 年第 3 期。

丁文丽：《转轨时期中国货币政策效力的区域差异研究》，中国社会科学出版社，2005。

丁文丽：《转轨时期中国货币政策效力区域非对称性实证研究——基于 VAR 模型的经验分析》，《经济科学》2006 年第 6 期。

董志勇、黄迈、周铭山：《我国货币政策区域效应的度量与成因分析》，《经济理论与经济管理》2010 年第 10 期。

杜两省、李秉祥：《货币政策与经济结构的调整》，《求是学刊》1996 年第 4 期。

杜兴瑞、杨少垒：《农村金融发展与农民收入增长关系的实证分析》，《经济纵横》2011 年第 9 期。

范方志、张立军：《中国地区金融结构转变与产业结构升级研究》，《金融研究》2003 年第 11 期。

方福前：《当代西方经济学主要流派》，中国人民大学出版社，2004。

封北麟、孙家希：《结构性货币政策的中外比较研究——兼论结构性货币政策与财政政策协调》，《财政研究》2016 年第 2 期。

〔美〕弗雷德里克·S. 米什金：《货币金融学》（第九版），郑艳文、荆国勇译，中国人民大学出版社，2010。

甘当善编著《欧洲中央银行学》，复旦大学出版社，1999。

高铁梅：《计量经济分析方法与建模 Eviews 应用及实例》，清华大学出版社，2009。

葛兆强、郝继伦：《区域经济与货币政策区域化》，《宁夏社会科学》1995 年第 3 期。

耿识博、谢士强、董军：《货币政策区域不对称效应》，《金融研究》2005 年第 7 期。

管卫华、林振山、顾朝林：《中国区域经济发展差异及其原因的多尺度分析》，《经济研究》2006 年第 7 期。

郭福春、王丹：《中国货币政策变化的浙江效应研究》，《浙江学刊》2010 年第 2 期。

郭建伟：《全球金融危机后的中央银行业展望》，《上海金融》2009 年第 2 期。

郭田勇：《中国货币政策体系的选择》，中国金融出版社，2006。

韩玲慧：《试析金融结构的变迁与企业制度的创新》，《外国经济与管理》2000 年第 12 期。

韩廷春：《金融发展与经济增长：经验模型与政策分析》，《世界经济》2001 年第 6 期。

韩廷春：《金融发展与经济增长——理论、实证与政策》，清华大学出版社，2002。

韩廷春：《金融发展与经济增长的内生机制》，《清华大学学报》（哲学社会科学版）2003 年第 S1 期。

何广文、何婧：《农村金融转型发展及乡村振兴金融服务创新研究》，《农村金融研究》2018 年第 12 期。

胡鞍钢：《中国地区发展不平衡问题研究》，《财政研究》1995 年第 10 期。

胡金焱、朱明星：《山东省金融发展与经济增长相关性的实证研究

（1978~2004）》，《山东社会科学》2005年第11期。

黄建新：《论金融制度的移植与创新》，《商业时代》2005年第9期。

贾晓燕：《陕西省金融发展与经济增长的关系研究》，西北大学硕士学位论文，2010。

贾玉革：《货币市场结构变迁的效应分析》，中国人民大学出版社，2006。

江其务：《经济转型期的货币与金融》，陕西人民出版社，2000。

江其务：《论新经济条件下的货币政策传导效率》，《金融研究》2001年第2期。

姜冉：《泛珠三角地区金融集聚与经济增长——基于1982~2007年的数据分析》，《经济研究导刊》2010年第20期。

姜正和、唐萍：《农村金融发展对城乡居民收入差距的影响机理探析》，《农村经济》2014年第6期。

蒋冠：《中国货币政策区域分配效应研究——基于区域产业结构差异的分析》，《思想战线》2010年第5期。

蒋益民、陈璋：《SVAR模型框架下货币政策区域效应的实证研究：1978~2006》，《金融研究》2009年第4期。

焦瑾璞、孙天琦、刘向耘：《货币政策执行效果的地区差别分析》，《金融研究》2006年第3期。

瞿红艳：《统一货币政策与区域经济发展的不均衡性——欧元区的实践及其对我国的启示》，《经济体制改革》2011年第3期。

〔美〕卡尔·E.瓦什：《货币理论与政策》，陈雨露译，中国人民大学出版社，2001。

〔英〕凯恩斯：《就业利息和货币通论》，徐毓枏译，商务印书馆，1999。

〔美〕雷蒙德·W.戈德史密斯：《金融结构与金融发展》，周朔等译，上海三联书店、上海人民出版社，1994。

冷艳丽、杜思正：《金融发展、产业结构与经济增长》，《首都经济贸易大学学报》2016年第5期。

黎欢、龚六堂：《金融发展、创新研发与经济增长》，《世界经济文汇》

2014 年第 2 期。

李安勇、白钦先：《货币政策传导的信贷渠道研究》，中国金融出版社，2006。

李海海：《中国货币政策区域效应研究》，华东师范大学博士学位论文，2006。

李继云：《云南城乡收入差距比较与变化规律分析》，《科技广场》2013 年第 4 期。

李晶：《基于普惠金融视角的中国农村金融发展研究》，辽宁大学博士学位论文，2017。

李琨：《提高农民收入之途径：完善农村金融体制》，《财金调研》2001 年第 11 期。

李琳：《中国金融发展对城乡收入差距的影响——基于面板数据 FEVD 模型的实证研究》，《征信》2013 年第 1 期。

李善民：《广西金融发展与经济增长关系的实证研究：1978～2012》，《广西财经学院学报》2014 年第 1 期。

李思瑾、王健康：《对云南农村金融的差异需求与分层供给的对策分析》，《时代金融》2012 年第 5 期。

李炜：《金融深化对区域经济结构和效率的影响》，《经济学动态》1999 年第 9 期。

李雪芬、隆鑫：《云南省农村金融发展问题研究》，《时代金融》2015 年第 7 期。

李媛、赵桂刚：《从紧货币政策对区域经济发展影响的实证研究——以苏北为例》，《金融纵横》2008 年第 6 期。

厉以宁：《中国货币政策的思考——总量调控和结构性调控并重》，《决策与信息》2010 年第 4 期。

梁琪、滕建州：《中国宏观经济和金融总量结构变化及因果关系研究》，《经济研究》2006 年第 1 期。

林毅夫：《潮涌现象与发展中国家宏观经济理论的重新构建》，《经济研究》2007 年第 1 期。

林毅夫：《后发优势与后发劣势——与杨小凯教授商榷》，《经济管理文摘》2002 年第 6 期。

林毅夫：《收入差距扩大症结在改革》，《经济前沿》2007 年第 10 期。

林毅夫、蔡昉、李周：《中国的奇迹：发展战略与经济改革》，上海三联书店、上海人民出版社，1994。

林毅夫、蔡昉、李周：《中国经济转型时期的地区差距分析》，《经济研究》1998 年第 6 期。

林毅夫、陈斌开：《发展战略、城市化与中国城乡收入差距》，《中国社会科学》2013 年第 4 期。

林毅夫、姜烨：《发展战略、经济结构与银行业结构：来自中国的经验》，《管理世界》2006 年第 1 期。

林毅夫、刘培林：《中国的经济发展战略与地区收入差距》，《经济研究》2003 年第 3 期。

刘惠好、郝钰：《区域经济发展的金融支持——基于湖北金融资产结构的实证分析》，《中南财经政法大学学报》2007 年第 2 期。

刘淼、于震：《金融发展与经济增长关联性理论研究评述》，《当代经济》2010 年第 16 期。

刘钦国：《货币政策传导机制：货币观点与信贷观点》，《农村金融研究》2006 年第 2 期。

刘仁伍：《区域金融结构和金融发展理论与实证研究》，经济管理出版社，2003。

刘卫东、曹琛：《货币政策区域效应差异化研究——基于韶关与惠州的比较》，《财经理论与实践》2009 年第 4 期。

刘蔚：《基于国际比较的结构性货币政策效果评估及优化路径研究》，《金融发展研究》2016 年第 9 期。

刘夏明、魏英琪、李国平：《收敛还是发散？——中国区域经济发展争论的文献综述》，《经济研究》2004 年第 7 期。

刘永甜：《金融政策创新与缩小云南城乡贫富差距关系研究》，《云南行政学院学报》2017 年第 3 期。

刘元春：《开放宏观经济分析与中国案例研究》，中国经济出版社，2005。

卢峰、姚洋：《金融压抑下的法治、金融发展和经济增长》，《中国社会科学》2004 年第 1 期。

卢岚、邓雄：《结构性货币政策工具的国际比较和启示》，《世界经济研究》2015 年第 6 期。

陆家磊：《试论货币政策对区域经济的影响》，《湘潮（下半月）（理论）》2007 年第 5 期。

陆铭、陈钊、严冀：《收益递增、发展战略与区域经济的分割》，《经济研究》2004 年第 1 期。

吕素香、张谊然：《最优中央银行设计理论及其对中国的启示》，《中央财经大学学报》2010 年第 6 期。

洛桑扎西、高铭、王小朋：《金融发展与经济增长：文献述评》，《现代管理科学》2017 年第 4 期。

骆琳琳：《安徽省农村金融发展对城乡收入差距的影响研究》，安徽农业大学硕士学位论文，2015。

骆玉鼎：《区域经济发展不平衡与货币总量调控的局限性——最适货币区理论对宏观政策选择的启示》，《中央财经大学学报》1998 年第 3 期。

马贱阳：《结构性货币政策：一般理论和国际经验》，《金融理论与实践》2011 年第 4 期。

马文鹏：《经济新常态下数量型货币政策工具运用分析——结构性货币政策的视角》，《金融经济》2016 年第 20 期。

马勇：《金融结构、银行发展与经济增长》，《财经科学》2010 年第 2 期。

毛定祥：《中国金融结构与产业结构经济结构关系的实证研究》，《运筹与管理》2006 年第 5 期。

〔瑞典〕米尔达尔：《货币均衡论》，钟淦恩译，商务印书馆，1997。

〔美〕米尔顿·弗里德曼：《货币的祸害——货币史片段》，安佳译，商务印书馆，2006。

苗文龙、陈卫东：《财政政策、货币政策与中国区域经济周期异步性》，《中国经济问题》2010年第6期。

牟怡楠：《我国农村金融租赁的发展及其对云南农村金融创新的启示》，《云南财经大学学报》（社会科学版）2012年第6期。

〔美〕讷克斯：《不发达国家的资本形成问题》，谨斋译，商务印书馆，1966。

欧阳易、万解秋：《我国货币政策区域效应的比较研究——以江苏、安徽两省为例》，《苏州大学学报》（哲学社会科学版）2017年第1期。

潘金生：《中央银行金融监督比较研究》，经济科学出版社，1999。

彭兴韵：《金融发展的路径依赖与金融自由化》，上海人民出版社，2002。

彭兴韵、施华强：《货币市场对货币政策操作的反应——中国的实证研究》，《金融研究》2007年第9期。

〔美〕平狄克、鲁宾费尔德：《计量经济模型与经济预测》，钱小军等译，机械工业出版社，1999。

钱晨月：《我国农村金融规模与效率对城乡收入差距影响的实证研究》，《对外经贸》2017年第3期。

乔海曙、陈力：《金融发展与城乡收入差距"倒U型"关系再检验——基于中国县域截面数据的实证分析》，《中国农村经济》2009年第7期。

丘斌、邓佑甜：《基于VAR模型的我国货币政策区域不对称性效应研究》，《南方金融》2009年第2期。

邱暖冬、邵迪：《城乡统筹视角下云南农村金融发展路径创新研究》，《内蒙古农业大学学报》2012年第3期。

〔美〕R.I.麦金农：《经济发展中的货币与资本》，卢骢译，上海三联书店，1988。

冉茂盛、张宗益、钟子明：《中国经济增长与金融发展关联性的实证分析》，《重庆大学学报》2003年第2期。

人民银行南京分行课题组：《区域经济金融差异与宏观调控——对苏皖两省货币政策传导效应差异的实证研究》，《金融纵横》2006 年第 1 期。

人行海东中支课题组：《区域经济发展战略与货币政策协调性研究》，《青海金融》2005 年第 8 期。

荣刚、闵晓鸣：《欧洲结构性货币政策利弊分析及对中国的启示》，《吉林金融研究》2016 年第 1 期。

阮莉莉、高云峰、罗艳：《货币政策区域效应差异研究——基于中国东部和西部的比较分析》，《金融理论与实践》2011 年第 9 期。

邵伏军：《利率市场化改革的风险分析》，《金融研究》2004 年第 6 期。

邵伏军：《试论我国中央银行货币政策的总量和结构调节》，《上海金融》1987 年第 9 期。

沈坤荣、张成：《金融发展与中国经济增长——基于跨地区动态数据的实证研究》，《管理世界》2004 年第 7 期。

沈立君：《广西金融发展与经济增长关系——基于地级市面板数据经验研究》，《区域金融研究》2012 年第 5 期。

沈烨：《陕西农村金融发展对城乡收入差距的影响研究》，兰州财经大学硕士学位论文，2015。

施兵超：《经济发展中的货币与金融：若干金融发展模型研究》，上海财经大学出版社，1997。

施海松：《再贴现是否应当退出宏观调控的历史舞台》，《上海金融》2003 年第 11 期。

史永东、武志、甄红线：《我国金融发展与经济增长关系的实证分析》，《预测》2003 年第 4 期。

宋旺、钟正生：《我国货币政策区域效应的存在性及原因——基于最优货币区理论的分析》，《经济研究》2006 年第 3 期。

宋学明：《中国区域经济发展及其收敛性》，《经济研究》1996 年第 9 期。

送言：《新古典主义区域增长理论评介——对中国区域经济发展的启示》，《科学·经济·社会》2004 年第 1 期。

孙天琦：《货币政策：统一性前提下部分内容的区域差别化研究》，《金融研究》2004年第5期。

孙天琦：《结构差异：西部与全国工业化的一个比较研究》，《金融研究》2004年第1期。

孙伍琴：《关于金融结构比较分析理论框架的设计思路》，《金融论坛》2003年第4期。

孙艳蕾：《金融发展与经济增长关系实证分析》，青岛大学硕士学位论文，2012。

谈儒勇：《金融发展理论与中国金融发展》，中国经济出版社，2000。

谈儒勇：《中国金融发展和经济增长关系的实证研究》，《经济研究》1999年第10期。

谭艳芝、彭文平：《金融发展与经济增长的因素分析》，《上海经济研究》2003年第10期。

唐珏岚：《当前启动和强化结构性货币政策工具的必要性》，《广西金融研究》2003年第5期。

唐文进：《货币政策结构性调控论》，《经济评论》2000年第1期。

屠孝敏：《经济结构、金融结构与我国货币政策传导机制研究》，《金融与经济》2005年第2期。

托马斯·赫尔曼、凯文·穆尔多克、约瑟夫·斯蒂格利茨：《金融约束：一个新的分析框架》，《经济导刊》1997年第5期。

万广华、M. S. Qureshi、伏润民：《中国和印度的贸易扩张：威胁还是机遇》，《经济研究》2008年第4期。

汪昊旻：《我国货币政策的产业效应实证分析》，《世界经济情况》2009年第10期。

汪红驹：《降低货币政策动态不一致性的理论方法》，《经济学动态》2002年第12期。

汪增群、束庆年：《货币政策区域非对称性效应最新研究进展》，《中国社会科学院研究生院学报》2007年第6期。

王常兵：《云南省地方金融发展对经济增长的影响研究》，云南财经大学硕士学位论文，2017。

王定祥、李伶俐、冉光和：《金融资本形成与经济增长》，《经济研究》2009年第9期。

王广谦：《20世纪西方货币金融理论研究：进展与评述》，经济科学出版社，2010。

王国松、孙自胜：《我国货币政策区域非对称效应分析——基于区域异质性信贷渠道的实证研究》，《商业经济研究》2016年第2期。

王海慧：《河南省金融发展与经济增长关系的研究》，西南财经大学硕士学位论文，2009。

王剑、刘玄：《货币政策传导的行业效应研究》，《财经研究》2005年第5期。

王进才：《我国金融结构对货币政策传导影响探析》，《现代商业》2008年第9期。

王晋斌、于春海：《中国利率市场化改革的可能路径》，《金融研究》2007年第12期。

王静：《河北省农村金融发展对城乡收入差距影响的实证研究》，天津财经大学硕士学位论文，2014。

王凯传：《山东省金融发展与经济增长的关系研究》，山东大学硕士学位论文，2010。

王林辉：《中国金融发展和经济增长动态相关性检验》，《广东金融学院学报》2008年第4期。

王满仓、白永秀、杨二宝：《西部金融体系发展与经济增长——以陕西省为例的实证分析》，《管理世界》2005年第7期。

王满仓、佘镜怀、杨二宝：《陕西金融发展与经济增长的实证分析》，《西北大学学报》（哲学社会科学版）2005年第4期。

王满仓、王里：《中国货币政策区域化的理论与实证研究——基于西部经济发展与东部比较》，《西北大学学报》（哲学社会科学版）2006年第1期。

王澎波、于涛、王旺平：《金融发展、金融结构与经济增长——基于省级面板数据的分析》，《经济问题探索》2017 年第 1 期。

王维强：《我国区域金融政策问题研究》，《财经研究》2005 年第 2 期。

王小鲁、樊纲：《中国地区差距的变动趋势和影响因素》，《经济研究》2004 年第 1 期。

王小平：《从紧货币政策下的区域经济发展：青海案例》，《金融研究》2008 年第 7 期。

王勋、方晋、赵珍：《中国金融规模、金融结构与经济增长——基于省区面板数据的实证研究》，《技术经济与管理研究》2011 年第 9 期。

王章留等：《区域经济协调发展论》，河南人民出版社，2006。

王召：《重视货币政策的结构性调节作用》，《金融信息参考》2003 年第 6 期。

王召、郭建宏：《货币政策：从稳健到积极稳健、从总量到结构》，《金融研究》2003 年第 8 期。

王兆星：《中国金融结构论》，中国金融出版社，1991。

王铮：《货币政策冲击与我国区域经济波动的动态关联研究》，《经济问题》2010 年第 12 期。

〔美〕威廉·阿瑟·刘易斯：《二元经济论》，施炜等译，北京经济学院出版社，1989。

魏后凯：《东西差距与西部发展战略》，《科学·经济·社会》1991 年第 2 期。

魏后凯：《改革开放 30 年中国区域经济的变迁——从不平衡发展到相对均衡发展》，《经济学动态》2008 年第 5 期。

魏后凯：《中国地区经济增长及其收敛性》，《中国工业经济》1997 年第 3 期。

魏后凯、刘楷：《我国地区差异变动趋势分析与预测》，《中国工业经济研究》1994 年第 3 期。

魏永芬、王志强：《货币总量度量方法的发展及其对我国的启示》，《金融研究》2003 年第 6 期。

温红梅、罗美微：《金融发展对城乡收入差距影响的实证分析》，《当代经济》2017年第15期。

温涛、冉光和、熊德平：《中国金融发展与农民收入增长》，《经济研究》2005年第9期。

〔美〕沃尔特·恩德斯：《应用计量经济学时间序列分析（第2版）》，杜江、谢志超译，高等教育出版社，2006。

吴德礼、李惠彬、徐仕政：《国际金融危机背景下我国虚拟经济与实体经济发展问题研究》，《南方金融》2009年第8期。

吴昊：《中央银行独立性研究：发达国家的经验与中国的改革设想》，中国社会科学出版社，2003。

吴慧华：《金融发展与经济增长关系的实证研究——以浙江省为例》，《江苏商论》2012年第10期。

吴先满：《中国金融发展论》，经济管理出版社，1994。

吴晓辉：《探析商业银行事业部制改革》，《银行家》2008年第2期。

吴晓求、王广谦：《金融理论与政策》，中国人民大学出版社，2013。

吴新生：《基于我国新区域面板数据的金融发展与经济增长收敛分析》，《经济问题探索》2009年第11期。

吴旭、蒋难、唐造时：《从区域金融发展差异看金融调控政策的区域化取向》，《中国金融》2004年第13期。

项卫星、李宏瑾：《我国中央银行数量型货币调控面临的挑战与转型方向》，《国际金融研究》2012年第7期。

肖华：《中国金融结构对货币政策传导的影响》，《金融经济》2006年第22期。

谢庆健：《当前我国经济形势与金融对策》，《南京财经大学学报》2003年第6期。

徐珺：《中国区域经济发展中的金融结构差距》，《社会科学》2006年第9期。

徐联初：《调整重心 创新手段 努力提升中央银行分支行工作水平》，

《中国金融》2003年第20期。

徐敏丽、王亚丽：《农村金融对农民收入影响的实证研究》，《湖州师范学院学报》2016年第5期。

徐文成、佟国光、毛彦军：《农村金融发展对农村经济和农民收入的影响研究——基于VEC模型的实证分析》，《西部金融》2011年第10期。

徐义国：《金融结构的市场逻辑与政策取向》，《银行家》2019年第9期。

许召元、李善同：《近年来中国地区差距的变化趋势》，《经济研究》2006年第7期。

玄相伯、吴诗锋：《中国货币政策调整对区域经济和物价的影响分析——基于区域AD-AS模型的理论和实证分析》，《价格理论与实践》2014年第11期。

闫红波、王国林：《我国货币政策产业效应的非对称性研究——来自制造业的实证》，《数量经济技术经济研究》2008年第5期。

晏智杰：《古典经济学》，北京大学出版社，1998。

晏智杰：《西方市场经济理论史》，商务印书馆，1999。

杨俊、李晓羽、张宗益：《中国金融发展水平与居民收入分配的实证分析》，《经济科学》2006年第2期。

杨开忠：《我国区域科学研究前沿介绍—兼评〈区域经济学原理〉》，《开放导报》2008年第1期。

杨开忠：《中国区域经济差异变动研究》，《经济研究》1994年第12期。

杨琳、李建伟：《金融结构转变与实体经济结构升级（上）》，《财贸经济》2002年第2期。

杨荣、郭威：《我国货币政策区域不对称效应的实证研究——以赣、浙两省为例》，《金融与经济》2015年第4期。

杨瑞龙等：《社会主义经济理论》，中国人民大学出版社，1999。

杨小玲：《社会资本视角下的中国金融发展与经济增长关系——基于1997~2008年省际面板数据研究》，《产经评论》2010年第2期。

杨晓、杨开忠：《中国货币政策影响的区域差异性研究》，《财经研究》

2007 年第 2 期。

杨英杰：《中国金融中介与经济增长关系的实证研究》，《经济问题探索》2004 年第 6 期。

杨友才：《金融发展与经济增长——基于我国金融发展门槛变量的分析》，《金融研究》2014 年第 2 期。

杨云彦：《区域经济的结构与变迁》，河南人民出版社，2001。

姚耀军：《金融发展与城乡收入差距关系的经验分析》，《财经研究》2005 年第 2 期。

易丹辉：《数据分析与 Eviews 应用》，中国统计出版社，2002。

殷剑峰：《中国经济周期研究：1954~2004》，《管理世界》2006 年第 3 期。

殷兴山：《区域金融改革路径探索》，《中国金融》2014 年第 1 期。

尹文龙：《中国金融发展对经济增长影响的研究》，首都经济贸易大学硕士学位论文，2017。

于平、周惠民：《中国省域普惠金融与经济增长关系的研究》，《金融理论探索》2018 年第 1 期。

于雪燕：《金融发展与区域经济增长》，吉林大学硕士学位论文，2017。

于则：《我国货币政策的区域效应分析》，《管理世界》2006 年第 2 期。

余永定：《国民收入分配、金融结构与宏观经济稳定》，《经济研究》1996 年第 12 期。

〔美〕约翰·G. 格利、爱德华·S. 肖：《金融理论中的货币》，贝多广译，格致出版社、上海三联书店、上海人民出版社，2006。

〔美〕约瑟夫·熊彼得：《经济发展理论》，何畏等译，商务印书馆，2020。

曾桂蝉：《建立大区行，是当时金融工作和货币斗争的需要》，《广东金融》1998 年第 12 期。

詹家峰：《上海金融发展与经济增长的关系研究》，上海师范大学硕士学位论文，2010。

张红：《基于 VAR 模型的江苏省金融发展与经济增长关系研究》，南京财经大学硕士学位论文，2011。

张卉：《吉林省金融发展与经济增长的相关分析》，吉林大学硕士学位论文，2012。

张慧、高远：《云南农村金融机制存在的问题及对策分析》，《时代金融》2015年第9期。

张晶：《国外货币政策区域效应研究的新进展》，《上海金融》2006年第12期。

张晶：《货币政策区域效应及其银行结构地区差异的关联》，《改革》2007年第10期。

张晶：《货币政策区域效应研究前沿评述》，《湖北经济学院学报》2007年第2期。

张晶：《我国货币财政政策存在区域效应的实证分析》，《数量经济技术经济研究》2006年第8期。

张可云、胡乃武：《中国重要的区域问题与统筹区域发展研究》，《首都经济贸易大学学报》2004年第2期。

张克菲、任小勋、吴晗：《创新货币政策工具对资产价格的影响——来自MLF操作的经验证据》，《证券市场导报》2018年第10期。

张立军、湛泳：《金融发展影响城乡收入差距的三大效应及检验》，《上海财经大学学报》2006年第5期。

张文彬：《中国货币政策的区域经济稳定效应分析——基于2000～2008年省份月度数据的实证研究》，《财经研究》2010年第10期。

张霞：《云南农村金融发展研究》，云南大学硕士学位论文，2012。

张晓晶：《符号经济与实体经济：金融全球化时代的经济分析》，上海人民出版社，2002。

张晓燕、王成亮：《中国金融结构和产业结构关系的实证研究》，《当代经济（下半月）》2007年第4期。

张英丽、杨正勇：《金融发展、城镇化对城乡收入差距的作用机理及动态分析》，《统计与决策》2018年第5期。

张榆琴、李学坤、赵梅：《城乡统筹发展与云南新型农村金融服务体系的构建》，《云南农业大学学报》2013年第S2期。

张远：《论进一步改进和完善我国结构性货币政策》，《价格理论与实践》2016年第1期。

张志军：《中央银行应注意金融调控的地区差别性》，《理论研究》1999年第6期。

张中锦：《金融发展效应、收入增长与城乡差距》，《中国经济问题》2011年第4期。

赵立文、郭英彤、许子琦：《产业结构变迁与城乡居民收入差距》，《财经问题研究》2018年第7期。

赵茂生：《山西省金融发展与城乡收入差距的关系研究》，山西财经大学硕士学位论文，2015。

赵伟军：《转轨时期我国金融结构的变迁及其动因的实证研究》，浙江大学博士学位论文，2005。

赵玉、胡亮：《产业结构视角下我国货币政策区域效应分析》，《商业时代》2012年第4期。

郑徐海、杨怡爽：《城镇化、产业结构调整与城乡收入差距的关系——基于云南省1986~2016年数据分析》，《资源与产业》2018年第4期。

郑许海、张涛：《基于ARIMA模型的城乡收入差距分析与预测——以云南省为例》，《农村经济与科技》2017年第1期。

郑志国：《转型期中国货币政策的信用传导：区域视角研究》，中国人民大学硕士学位论文，2006。

支大林、祝晓波：《区域产业结构变迁中的金融结构因素分析》，《东北师大学报》（哲学社会科学版）2004年第2期。

中国人民银行长沙中心支行调查统计处：《结构性货币政策国际经验及我国的实践、评估与优化》，《金融发展评论》2016年第4期。

周逢民：《论货币政策的结构调整职能》，《金融研究》2004年第7期。

周好文、钟永红：《中国金融中介发展与地区经济增长——多变量VAR

系统分析》，《金融研究》2004 年第 6 期。

周后强：《金融发展与经济增长：基于中国区域金融发展的实证分析》，《中国国际财经（中英文）》2018 年第 3 期。

周立、王子明：《中国各地区金融发展与经济增长实证分析：1978～2000》，《金融研究》2002 年第 10 期。

周孟亮、李明贤：《货币政策传导过程中的金融体系研究》，《中央财经大学学报》2007 年第 3 期。

周孟亮、马昊：《货币政策的区域总量性与结构性研究——基于中国的实际情况》，《财经科学》2007 年第 9 期。

周孟亮、马昊：《货币政策的区域总量性与结构性研究——基于中国的实际情况》，《财经科学》2007 年第 9 期。

周孟亮、王凯丽：《货币政策传导机制理论中的结构因素及其应用分析》，《中央财经大学学报》2006 年第 1 期。

周梦婧：《城镇化对城乡收入差距的影响研究——基于省级面板数据的实证分析》，《时代金融》2018 年第 23 期。

周先平：《中央银行地区分行辖区划分的合理性——基于结构性 VAR 的中美比较研究》，《金融研究》2007 年第 2 期。

周晓强、郑薇、李宏伟：《货币信贷政策要关注区域经济差别——对甘肃省货币信贷政策效应的调查》，《中国金融》2006 年第 19 期。

周晓棠：《当前我国城乡差距与发展农村金融》，《聊城大学学报》（社会科学版）2003 年第 6 期。

周晓棠：《当前我国城乡差距与发展农村金融》，《中国流通经济》2003 年第 11 期。

朱芳、吴金福：《我国货币政策区域效应的 SVAR 分析》，《深圳大学学报》（人文社会科学版）2014 年第 3 期。

朱显平、王锐：《金融发展、城镇化与经济增长》，《经济问题探索》2015 年第 11 期。

朱云鹏：《黑龙江省金融发展与经济增长关系研究》，哈尔滨工程大学硕士学位论文，2011。

〔美〕兹维·博迪、罗伯特·C. 莫顿：《金融学》，中国人民大学出版社，伊志宏等译，2000。

Alam T. , and Waheed M. , "Sectoral Effects of Monetary Policy: Evidence from Pakistan," *The Pakistan Development Review*, 2006, 45 (4).

Banerjee, Abhijit V. , Newman, Andrew F. , "Occupational Choice and the Process of Development," *Journal of Political Economy*, 1993, 101 (2).

Beck T. , Demirguc-Kunt A. , Levine R. , "A New Database on the Structure and Development of the Financial Sector," *The World Bank Economic Review*, 1999, 14 (3).

Bernanke B. , Gertler M. , "Inside the Black Box: The Credit Channel of Monetary Policy Transmission," *The Journal of Economic Perspectives*, 1995.

Burriel P. , Galesi A. , "Uncovering the Heterogeneous Effects of ECB Unconventional Monetary Policies Across Euro Area Countries," *European Economic Review*, 2018 (101).

Cecchetti S. G. , "Legal Structure Financial Structure and the Monetary Policy Transmission Mechanism," National Bureau of Economic Research, 1999.

Ciccarelli M. , Maddaloni A. and Peydro J. L. , "Heterogeneous Transmission Mechanism: Monetary Policy and Financial Fragility in the Euro Area," *Economic Policy*, 2013 (75).

Ganley J. , Salmon C. , "The Industrial Impact of Monetary Policy Shocks: Some Stylised Facts," *Ssrn Electronic Journal*, 1998 (1) .

Georg Neuberger, Sebastian Maurer-Stroh, Birgit Eisenhaber et al. , "Motif Refinement of the Peroxisomal Targeting Signal 1 and Evaluation of Taxon-specific Differences," *Journal of Molecular Biology*, 2003 (6).

Ghosh S. , "Industry Effects of Monetary Policy: Evidence from India," *Indian Economic Review*, 2009, 44 (1).

Greenwood J. , Jovanovic B. , "Financial Development, Growth, and the

Distribution of Income," *Journal of Political Economy*, 1990, 98 (5).

Jalilian H. , "Analysis of Poverty and Income Distribution Using the Effects Method," Development Planning and Poverty Reduction, *Palgrave Macmillan UK*, 2003.

John B. Beare, "A Monetarist Model of Regional Business Cycles," *Journal of Regional Science*, 1976 (16).

Kenneth E. Boulding, Hicks John, *A Theory of Economic History*, Oxford, Clarendon Press, 1969.

Mansov H. Ibrahim, "Sectoral Effects of Monetary Policy: Evidence from Malaysia," *Asian Economic Journal*, 2005, 19 (1).

Marco C. , De Nardi M. , "Wealth Inequality: Data And Models," *Macroeconomic Dynamics*, 2008 (12) .

Massimo M. , Zhang Lei, "Monetary Policy and Regional Availabitlity of Debt Financing," *Journal of Monetary Economics*, 2013, 60 (4).

Matsuyama T. , Kürsten R. , Meißner C. , et al. , "Rashba Spin Splitting in Inversion Layers on P-type Bulk InAs," *Physical Review*, 2000, 61 (23).

Moore, Gregory C. G. , "The Practical Economics of Walter Bagehot," *Journal of the History of Economic Thought*, 1996, 18 (2).

Mundell R. A. , "A Theory of Optimum Currency Areas," *The American Economic Review*, 1961 (4).

Oded Galor and Joseph Zeira, "Income Distribution and Macroeconomics," *The Review of Economic Studies*, 1993 (1).

Patrick H. T. , "Financial Development and Economic Growth in Underdeveloped Countries," *Economic Development and Cultural Change*, 1966, 14 (2).

P. N. Rosenstein-Rodan, "Problems of Industrialisation of Eastern and South-Eastern Europe," *The Economic Journal*, 2001 (53).

Robert M. Townsend, Kenichi Ueda, "Financial Deepening, Inequality, and Growth; A Model-Based Quantitative Evaluation," *The Review of Economic Studies*, 2003, 73 (1).

Scott Jr I. O. , "The Regional Impact of Monetary Policy," *The Quarterly Journal of Economics*, 1955 (2).

Todd Potts, David Yerger, "Variations across Canadian Regions in the Sensitivity to U. S. Monetary Policy," *Atlantic Economic Journal*, 2010, 38 (4).

Wells Donald A. , "Money and Capital in Economic Development," *American Journal of Agricultural Economics*, 1974 (1).

后　记

本书付梓之际，正值 2023 年 12 月中央经济工作会议召开，会议公报指出要"发挥好货币政策工具总量和结构双重功能"，而这恰好是本书研究的主题之一。多年来，笔者一直专注于货币政策总量性与结构性问题的研究，基于对这种货币政策双重属性的思考，本书系统考察了中国区域经济发展不平衡背景下货币政策效应的空间非一致性问题。

货币政策效应的空间非一致性又称货币政策区域效应，国外相关研究从 20 世纪 70 年代以后才正式开始，我国相关研究大概起步于 20 世纪 90 年代中期，近年来受到越来越多的关注。现有研究表明，统一的货币政策会在不同的地区产生不同的，甚至差异显著的政策效应，这种非对称性效应不仅会加大货币政策的决策难度，削弱统一货币政策的有效性，而且会进一步加剧各地区产出和价格水平之间的差异，进而引发潜在的利益冲突。

货币政策效应的空间非一致性与货币政策的双重属性两者密切相关，后者是前者的理论基础，前者是后者的实践表现，从理论上厘清这些问题非常重要，有助于认清现代西方经典理论中所谓货币政策是总量性的观点的本质内涵，从而揭示货币政策性质的本来面目。本研究认为我国实行统一货币政策的过程中，区域金融对区域经济的发展发挥着重要的作用。由于我国各区域金融（总量和结构）不同，区域金融在货币政策与区域经济发展之间的调节作用存在差异，且这种差异会随着时间的推移而变化。我国利率传导渠道的作用尚未得到充分发挥，利率市场化改革尚需深化，要尽快完善我国利率体系，充分发挥货币政策传导中利率渠道的作用。研究也表明，由于我国各区域金融结构的不同，其对区域经济的影响存在较大差异，应进一步缩小区域间金融发展差距，优化欠发达地区金融结构，促进区域经济协调发展。在融资结构方面，我国直接融资占比相对较低，银行信贷渠道仍在货币政策传导中占据主体地位，需要继续完善资本市场，畅通货币政策的资产价格渠道，使区域金融市场结构和区域融资结构更好地为区域经济服务。货币当局有必要在总体上保持统一货币政策的同时，根据各区域金融、经济发展的具体特征和实际情况，因地制宜地实施结构化的货币政策，继续创新和优化现有结构性货币政策工具，推进利率走廊机制与公开市场操作的有机结合。

实际上，本书是我主持的国家社科基金项目"区域经济协调发展视角下中国货币政策效应空间非一致性问题研究"部分主要内容的集结，我的多位研究生参与研究和书稿的整理过程，这里对袁凤娇、石祥福、田恬、陈圳峰、李金格、芦涛、蔡婷等同学的贡献表示感谢。在研究写作过程中厦门大学卢盛荣教授、中国人民大学郑超愚教授提出了宝贵的意见，在此一并表示最衷心的感谢！诚然，本研究还存在不足或者错误的地方，文责自负，恳请各位方家批评指正。另外还有诸多问题既富有意义又充满挑战，例如结构性货币政策的作用效果、利率市场化和金融创新对中国货币政策区域效应的影响、利率走廊调控与公开市场操作的相互配合等，期待今后继续与同行学者们共同探讨和分享。

蒋益民

甲辰年立春于昆明寓所

图书在版编目（CIP）数据

中国货币政策效应空间非一致性与结构性货币政策实
践／蒋益民著 .--北京：社会科学文献出版社，
2024.2（2025.9 重印）
ISBN 978-7-5228-0674-7

Ⅰ.①中… Ⅱ.①蒋… Ⅲ.①货币政策-研究-中国
Ⅳ.①F822.0

中国版本图书馆 CIP 数据核字（2022）第 166635 号

中国货币政策效应空间非一致性与结构性货币政策实践

著　　者／蒋益民

出 版 人／冀祥德
责任编辑／吴　敏
责任印制／岳　阳

出　　版／社会科学文献出版社（010）59367127
　　　　　　地址：北京市北三环中路甲 29 号院华龙大厦　邮编：100029
　　　　　　网址：www.ssap.com.cn
发　　行／社会科学文献出版社（010）59367028
印　　装／唐山玺诚印务有限公司

规　　格／开　本：787mm×1092mm　1/16
　　　　　　印　张：11.75　字　数：178 千字
版　　次／2024 年 2 月第 1 版　2025 年 9 月第 2 次印刷
书　　号／ISBN 978-7-5228-0674-7
定　　价／89.00 元

读者服务电话：4008918866